Cambridge Plain Texts

CERVANTES

PROLOGUES
AND
EPILOGUE

T0346143

CERVANTES
PROLOGUES AND
EPILOGUE

CAMBRIDGE
AT THE UNIVERSITY PRESS
1923

CAMBRIDGE UNIVERSITY PRESS
Cambridge, New York, Melbourne, Madrid, Cape Town,
Singapore, São Paulo, Delhi, Mexico City

Cambridge University Press
The Edinburgh Building, Cambridge CB2 8RU, UK

Published in the United States of America by Cambridge University Press, New York

www.cambridge.org
Information on this title: www.cambridge.org/9781107671782

© Cambridge University Press 1923

This publication is in copyright. Subject to statutory exception
and to the provisions of relevant collective licensing agreements,
no reproduction of any part may take place without the written
permission of Cambridge University Press.

First published 1923
Re-issued 2013

A catalogue record for this publication is available from the British Library

ISBN 978-1-107-67178-2 Paperback

Cambridge University Press has no responsibility for the persistence or
accuracy of URLs for external or third-party internet websites referred to in
this publication, and does not guarantee that any content on such websites is,
or will remain, accurate or appropriate.

NOTE

CERVANTES is one of the most human of the great
writers. To read him is like listening to the talk of a
pleasant companion and friend. When he turns with
a smile to address his "lector amantísimo," the reader
welcomes the epithet and responds to it, caught by the
humorous egoism and the engaging candour with which
Miguel de Cervantes reveals himself. A true Spaniard,
he delights in the flow of talk and speaks familiarly to
his "lector carísimo" as to a good listener. Thus, in
turning his pages, one hears the author's voice and one
carries away his remembrance not only with due
admiration and enjoyment, but also with intimate
affection and sympathy.

It is chiefly in the charming prologues to his books
and in the epilogue to the *Viaje del Parnaso* that he
indulges his vein of pleasant personal talk. These prologues are scattered through his works and some of
them are not very conveniently accessible. Here they
are put together, with the addition of some autobiographical passages which mention his person or his
works. Obviously his books contain much else that is
more or less autobiographical and reminiscent. "Ha
novelado su propia vida," says a contemporary; and
Professor Schevill, in his book on Cervantes, dwells
upon this pervading personal element. But the extracts
here given are limited to what is distinctly and expressly

personal. The title-pages of the first editions of all Cervantes' books have been added, in order to provide a kind of episodical outline of his literary life.

Grateful acknowledgment is made to Mr Fitz-maurice-Kelly for permitting the use of his Edinburgh reprint of the text of the first edition of *Don Quixote*, for kindly communicating some notes on the text and for allowing the reproduction of the title-pages from the bibliography appended to his *Life* of Cervantes. The original spelling of the title-pages has been preserved, since those are in the nature of documents. For the rest, the orthography has been generally modernised, with some convenient exceptions. In the original edition of the *Ocho Comedias* the prologue precedes the dedication: this unusual order has been preserved in the present text.

Since there is no certainty about the authorship of the versified epistle to Mateo Vásquez, of which the MS. was discovered in 1863, the extract from it is given in an appendix at the end. If the Cervantine authorship were proved, this epistle should come first in chronological order, under the date 1577.

One emendation is suggested in the text, "decirse" for "decir" (p. 49, l. 7).

F. A. KIRKPATRICK.

January, 1923.

CONTENTS

Primera parte de la Galatea, dividida en seys libros. Cõpuesta por Miguel de Cervantes. Dirigida al Illustrissimo señor Ascanio Colona, Abad de sancta Sofia. Con privilegio. Impressa en Alcala por Iuan Gracian. Año de 1585.

DEDICATORIA AL ILUSTRÍSIMO SEÑOR ASCANIO COLONA,

ABAD DE SANTA SOFIA

Ha podido tanto conmigo el valor de V. S. I. que me ha quitado el miedo, que con razón debiera tener, en osar ofrecerle estas primicias de mi corto ingenio. Mas considerando que el estremado de V. S. I. no sólo vino a España para ilustrar las mejores universidades della, sino también para ser norte por donde se encaminen los que alguna virtuosa ciencia profesan (especialmente los que en la de la poesía se ejercitan), no he querido perder la ocasión de seguir esta guía, pues sé que en ella y por ella todos hallan seguro puerto y favorable acogimiento. Hágale V. S. I. bueno a mi deseo, el cual envío delante para dar algún ser a este mi pequeño servicio: y si por esto no lo mereciere, merézcalo a lo menos por haber seguido algunos años las vencedoras banderas de aquel sol de la milicia que ayer nos quitó el cielo delante de los ojos, pero no de la memoria de aquellos que procuran tenerla de cosas

dignas della, que fué el excelentísimo padre de V. S. I.
Juntando a esto el efecto de reverencia que hacían en
mi ánimo las cosas, que como en profecía oí muchas
veces decir de V. S. I. al cardenal de Aquaviva, siendo
yo su camarero en Roma: las cuales ahora no sólo las
veo cumplidas, sino todo el mundo que goza de la
virtud, cristiandad, magnificencia y bondad de V. S. I.
con que da cada día señales de la clara y generosa
estirpe do desciende: la cual en antigüedad compite
con el principio y príncipes de la grandeza de Roma,
y en las virtudes y heroicas obras con la misma virtud,
y más encumbradas hazañas: como nos lo certifican
mil verdaderas historias llenas de los famosos hechos
del tronco y ramos de la real casa Colona: debajo de
cuya fuerza y sitio yo me pongo ahora, para hacer es-
cudo a los murmuradores que ninguna cosa perdonan;
aunque si V. S. I. perdona este mi atrevimiento, ni
tendré que temer, ni más que desear, sino que nuestro
Señor guarde la ilustrísima persona de V. S. I. con el
acrecentamiento de dignidad y estado que todos sus
servidores deseamos.

Ilustrísimo Señor,

B. L. M. de V. S. su mayor servidor,

Miguel de Cervantes Saavedra.

PRÓLOGO

Curiosos Lectores,

La ocupación de escribir églogas en tiempo que en
general la poesía anda tan desfavorecida, bien recelo
que no será tenido por ejercicio tan loable, que no sea
necesario dar alguna particular satisfacción a los que
siguiendo el diverso gusto de su inclinación natural,

todo lo que es diferente dél, estiman por trabajo y tiempo perdido. Mas pues a ninguno toca satisfacer a ingenios que se encierran en términos tan limitados, sólo quiero responder a los que libres de pasión, con mayor fundamento se mueven a no admitir las diferencias de la poesía vulgar, creyendo que los que en esta edad tratan della, se mueven a publicar sus escritos con ligera consideración, llevados de la fuerza que la pasión de las composiciones propias suele tener en los autores della. Para lo cual puedo alegar de mi parte la inclinación que a la poesía siempre he tenido, y la edad, que habiendo apenas salido de los límites de la juventud, parece que da licencia a semejantes ocupaciones: demás de que no puede negarse que los estudios de esta facultad (en el pasado tiempo con razón tan estimada) traen consigo más que medianos provechos: como son enriquecer el poeta, considerando su propia lengua, y enseñorearse del artificio de la elocuencia que en ella cabe para empresas más altas y de mayor importancia, y abrir camino para que a su imitación los ánimos estrechos que en la brevedad del lenguaje antiguo quieren que se acabe la abundancia de la lengua castellana, entiendan que tiene campo abierto, fácil y espacioso, por el cual con facilidad y dulzura, con gravedad y elocuencia pueden correr con libertad, descubriendo la diversidad de conceptos agudos, sutiles, graves y levantados, que en la fertilidad de los ingenios españoles la favorable influencia del cielo con tal ventaja en diversas partes ha producido, y cada hora produce en la edad dichosa nuestra, de la cual puedo ser yo cierto testigo, que conozco algunos que con justo derecho y sin el empacho que yo llevo, pudieran pasar con seguridad carrera tan peligrosa.

Mas son tan ordinarias y tan diferentes las humanas dificultades, y tan varios los fines y las acciones, que unos con deseo de gloria se aventuran, otros con temor de infamia no se atreven a publicar lo que una vez descubierto, ha de sufrir el juicio del vulgo peligroso, y casi siempre engañado. Yo, no porque tenga razon para ser confiado, he dado muestra de atrevido en la publicación deste libro, sino porque no sabría determinarme destos dos inconvenientes cuál sea el mayor, o el de quien con ligereza, deseando comunicar el talento que del cielo ha recebido temprano, se aventura a ofrecer los frutos de su ingenio a su patria y amigos, o el que de puro escrupuloso, perezoso y tardío, jamás acabando de contentarse de lo que hace y entiende, teniendo sólo por acertado lo que no alcanza, nunca se determina a descubrir y comunicar sus escritos. De manera que así como la osadía y confianza del uno podría condenarse por la licencia demasiada que con seguridad se concede, así mismo el recelo y la tardanza del otro es vicioso, pues tarde o nunca aprovecha con el fruto de su ingenio y estudio a los que esperan y desean ayudas y ejemplos semejantes para pasar adelante en sus ejercicios. Huyendo destos dos inconvenientes no he publicado antes de ahora este libro, ni tampoco quise tenerle para mí sólo más tiempo guardado, pues para más que para mi gusto solo, le compuso mi entendimiento. Bien sé lo que suele condenarse exceder nadie en la materia del estilo que debe guardarse en ella, pues el príncipe de la poesía latina fué calumniado en algunas de sus églogas por haberse levantado más que en las otras; y así no temeré mucho que alguno condene haber mezclado razones de filosofía entre algunas amorosas de pastores, que pocas veces se levantan a más que tratar cosas de campo, y esto con su acostumbrada llaneza. Mas advirtiendo (como en el discurso de la obra alguna vez se hace) que muchos de los disfrazados pastores della lo eran sólo en el hábito, queda llana esta objección. Las demás que en la invención y en la disposición se pudieren poner, discúlpelas la intención segura del que leyere, como lo hará siendo discreto, y la voluntad del autor, que fué de agradar, haciendo en esto lo que pudo y alcanzó, que ya que en esta parte la obra no responda a su deseo, otras ofrece para adelante de más gusto, y de mayor artificio.

Il Ingenioso | Hidalgo Don Qvi|xote de la Mancha, | Compuesto por Miguel de Ceruantes | Saauedra. Dirigido al Dvqve de Beiar, | Marques de Gibraleon, Conde de Benalcaçar, y Baña-|res, Vizconde de la Puebla de Alcozer, Señor de | las villas de Capilla, Curiel, y | Burguillos. Año, 1605. Con Privilegio, | En Madrid, Por Iuan de la Cuesta. | Vendese en casa de Francisco de Robles, librero del Rey ñro señor.

DEDICATORIA AL DUQUE DE BÉJAR,

MARQUÉS DE GIBRALEÓN; CONDE DE BENALCÁZAR Y BÁÑARES; VIZCONDE DE LA PUEBLA DE ALCOCER; SEÑOR DE LAS VILLAS DE CAPILLA, CUREIL Y BURGUILLOS

EN fe del buen acogimiento y honra que hace Vuestra Excelencia a toda suerte de libros, como Príncipe tan inclinado a favorecer las buenas artes, mayormente las que por su nobleza no se abaten al servicio y granjerías del vulgo, he determinado de sacar a luz al *Ingenioso hidalgo Don Quijote de la Mancha*, al abrigo del clarísimo nombre de Vuestra Excelencia, a quien, con el acatamiento que debo a tanta grandeza, suplico le reciba agradablemente en su protección, para que a su sombra, aunque desnudo de aquel precioso ornamento de elegancia y erudición de que suelen andar vestidas las obras que se componen en las casas de los hombres que saben, ose parecer seguramente en el juicio de algunos, que no conteniéndose en los límites de su ignorancia, suelen condenar con más rigor y menos justicia los trabajos ajenos: que poniendo los ojos la prudencia de Vuestra Excelencia en mi buen deseo, fío que no desdeñará la cortedad de tan humilde servicio.

MIGUEL DE CERVANTES SAAVEDRA.

PRÓLOGO

DESOCUPADO lector: sin juramento me podrás creer que quisiera que este libro, como hijo del entendimiento, fuera el más hermoso, el más gallardo y más discreto que pudiera imaginarse. Pero no he podido yo contravenir la orden de naturaleza, que en ella cada cosa engendra su semejante. Y así ¿qué podrá engendrar el estéril y mal cultivado ingenio mio, sino la historia de un hijo seco, avellanado, antojadizo, y lleno de pensamientos varios y nunca imaginados de otro alguno; bien como quien se engendró en una cárcel, donde toda incomodidad tiene su asiento, y donde todo triste ruido hace su habitación? El sosiego, el lugar apacible, la amenidad de los campos, la serenidad de los cielos, el murmurar de las fuentes, la quietud del espíritu son grande parte para que las Musas más estériles se muestren fecundas, y ofrezcan partos al mundo que le colmen de maravilla y de contento. Acontece tener un padre un hijo feo y sin gracia alguna, y el amor que le tiene le pone una venda en los ojos para que no vea sus faltas, antes las juzga por discreciones y lindezas y las cuenta a sus amigos por agudezas y donaires. Pero yo, que, aunque parezco padre, soy padrastro de Don Quijote, no quiero irme con la corriente del uso, ni suplicarte casi con las

lágrimas en los ojos, como otros hacen, lector carísimo,
que perdones o disimules las faltas que en este mi hijo
vieres: ni eres su pariente ni su amigo, y tienes tu alma
en tu cuerpo y tu libre albedrío como el más pintado,
y estás en tu casa, donde eres Señor della, como el Rey
de sus alcabalas (y sabes lo que comúnmente se dice,
que debajo de mi manto al Rey mato). Todo lo cual
te exenta y hace libre de todo respeto y obligación, y
así puedes decir de la historia todo aquello que te
pareciere, sin temor que te calumnien por el mal, ni
te premien por el bien que dijeres della.

Solo quisiera dártela monda y desnuda, sin el ornato
de prólogo, ni de la innumerabilidad y catálogo de los
acostumbrados sonetos, epigramas y elogios que al
principio de los libros suelen ponerse. Porque te sé
decir que, aunque me costó algún trabajo componerla,
ninguno tuve por mayor que hacer esta prefación que
vas leyendo. Muchas veces tomé la pluma para es-
cribilla, y muchas la dejé, por no saber lo que escribiría;
y estando una suspenso, con el papel delante, la pluma
en la oreja, el codo en el bufete y la mano en la mejilla,
pensando lo que diría, entró a deshora un amigo mío
gracioso y bien entendido, el cual viéndome tan ima-
ginativo, me preguntó la causa, y no encubriéndosela
yo, le dije que pensaba en el prólogo que había de
hacer a la historia de Don Quijote, y que me tenía de
suerte, que ni quería hacerle, ni menos sacar a luz las
hazañas de tan noble caballero. Porque ¿cómo queréis
vos que no me tenga confuso el qué dirá el antiguo
legislador que llaman vulgo, cuando vea que al cabo
de tantos años como ha que duermo en el silencio del
olvido, salgo ahora con todos mis años a cuestas con
una leyenda seca como un esparto, ajena de invención,

menguada de estilo, pobre de conceptos, y falta de
toda erudición y doctrina, sin acotaciones en las
márgenes y sin anotaciones en el fin del libro, como
veo que están otros libros, aunque sean fabulosos y
profanos, tan llenos de sentencias de Aristóteles, de
Platón y de toda la caterva de filósofos, que admiran
a los leyentes, y tienen a sus autores por hombres leídos,
eruditos y elocuentes? Pues ¡qué cuando citan la divina
Escritura! No dirán sino que son unos Santos To-
mases y otros doctores de la Iglesia, guardando en esto
un decoro tan ingenioso, que en un renglón han
pintado un enamorado distraído, y en otro hacen un
sermoncico Cristiano, que es un contento y un regalo
oírle o leerle. De todo esto ha de carecer mi libro,
porque ni tengo qué acotar en el márgen, ni qué anotar
en el fin, ni menos sé qué autores sigo en él, para
ponerlos al principio, como hacen todos, por las letras
del A B C, comenzando en Aristóteles y acabando en
Xenofonte y en Zoílo o Zeuxis, aunque fué maldiciente
el uno y pintor el otro. También ha de carecer mi
libro de sonetos al principio, a lo menos de sonetos
cuyos autores sean duques, marqueses, condes, obis-
pos, damas o poetas celebérrimos. Aunque si yo los
pidiese a dos o tres oficiales amigos, yo sé que me los
darían, y tales, que no les igualasen los de aquellos que
tienen más nombre en nuestra España.

En fin, señor y amigo mío, proseguí, yo determino
que el señor Don Quijote se quede sepultado en sus
archivos en la Mancha, hasta que el cielo depare quien
le adorne de tantas cosas como le faltan, porque yo me
hallo incapaz de remediarlas por mi insuficiencia y
pocas letras, y porque naturalmente soy poltrón y
perezoso de andarme buscando autores que digan lo

que yo me sé decir sin ellos. De aquí nace la suspensión y elevamiento, amigo, en que me hallastes: bastante causa para ponerme en ella la que de mí habéis oído.

Oyendo lo cual mi amigo, dándose una palmada en la frente y disparando en una carga de risa, me dijo: Por Dios, hermano, que ahora me acabo de desengañar de un engaño en que he estado todo el mucho tiempo que ha que os conozco, en el cual siempre os he tenido por discreto y prudente en todas vuestras acciones. Pero ahora veo que estáis tan lejos de serlo, como lo está el cielo de la tierra.

¿Cómo que es posible que cosas de tan poco momento y tan fáciles de remediar, puedan tener fuerzas de suspender y absortar un ingenio tan maduro como el vuestro, y tan hecho a romper y atropellar por otras dificultades mayores? A la fe, esto no nace de falta de habilidad, sino de sobra de pereza y penuria de discurso. ¿Queréis ver si es verdad lo que digo? Pues estadme atento, y veréis como en un abrir y cerrar de ojos confundo todas vuestras dificultades, y remedio todas las faltas que decís que os suspenden y acobardan para dejar de sacar a la luz del mundo la historia de vuestro famoso Don Quijote, luz y espejo de toda la caballería andante. Decid, le repliqué yo, oyendo lo que me decía, ¿de qué modo pensáis llenar el vacío de mi temor, y reducir a claridad el caos de mi confusión? A lo cual él dijo: Lo primero en que reparáis de los sonetos, epigramas o elogios que os faltan para el principio y que sean de personajes graves y de título, se puede remediar en que vos mismo toméis algún trabajo en hacerlos, y después los podéis bautizar y poner el nombre que quisiéredes, ahijándolos al Preste Juan de las Indias o al Emperador de Trapisonda, de quien

yo sé que hay noticia que fueron famosos poetas:
cuando no lo hayan sido, y hubiere algunos pedantes
y bachilleres que por detrás os muerdan y murmuren
desta verdad, no se os dé dos maravedís, porque ya que
os averigüen la mentira, no os han de cortar la mano
con que lo escribistes.

En lo de citar en las márgenes los libros y autores de
donde sacáredes las sentencias y dichos que pusiéredes
en vuestra historia, no hay más sino hacer de manera
que vengan a pelo algunas sentencias, o latines que
vos sepáis de memoria, o a lo menos que os cuesten
poco trabajo el buscallos, como será poner, tratando
de libertad y cautiverio:

Non bene pro toto libertas venditur auro.

Y luego en el márgen citar a Horacio o a quien lo dijo.
Si tratáredes del poder de la muerte, acudir luego con:

Pallida mors æquo pulsat pede
Pauperum tabernas, regumque turres.

Si de la amistad y amor que Dios manda que se tenga
al enemigo, entraros luego al punto por la Escritura
divina, que lo podéis hacer con tantico de curiosidad,
y decir las palabras por lo menos del mismo Dios:
Ego autem dico vobis: diligite inimicos vestros. Si tratáredes de malos pensamientos, acudid con el Evan-
gelio: *De corde exeunt cogitationes malæ.* Si de la
instabilidad de los amigos, ahí está Catón que os dará
su dístico:

Donec eris felix, multos numerabis amicos;
Tempora si fuerint nubila, solus eris.

Y con estos latinicos y otros tales os tendrán siquiera
por gramático, que el serlo no es de poca honra y pro-

vecho el día de hoy. En lo que toca al poner anotaciones al fin del libro, seguramente lo podéis hacer desta manera. Si nombráis algún gigante en vuestro libro, hacedle que sea el gigante Golias, y con sólo esto, que os costará casi nada, tenéis una grande anotación, pues podéis poner: *El gigante Golias o Goliat fué un filisteo a quien el pastor David mató de una gran pedrada en el valle de Terebinto, según se cuenta en el libro de los Reyes, en el capítulo que vos halláredes que se escribe.*

Tras esto, para mostraros hombre erudito en letras humanas y cosmógrafo, haced de modo como en vuestra historia se nombre el río Tajo, y veréisos luego con otra famosa anotación, poniendo: *El río Tajo fué así dicho por un rey de las Españas: tiene su nacimiento en tal lugar, y muere en el mar Océano, besando los muros de la famosa ciudad de Lisboa, y es opinión que tiene las arenas de oro,* etc. Si tratáredes de ladrones, yo os diré la historia de Caco, que la sé de coro. Si de mujeres rameras, ahí está el obispo de Mondoñedo, que os prestará a Lamia, Laida y Flora, cuya anotación os dará gran crédito. Si de crueles, Ovidio os entregará a Médea. Si de encantadoras y hechiceras, Homero tiene a Calipso, y Virgilio a Circe. Si de Capitanes valerosos, el mismo Julio César os prestará a sí mismo en sus *Comentarios,* y Plutarco os dará mil Alejandros. Si tratáredes de amores, con dos onzas que sepáis de la lengua Toscana, toparéis con Leon Hebreo, que os hincha las medidas. Y si no queréis andaros por tierras extrañas, en vuestra casa tenéis a Fonseca, *Del Amor de Dios,* donde se cifra todo lo que vos y el más ingenioso acertare a desear en tal materia. En resolución no hay más sino que vos procuréis nombrar estos nombres, o tocar estas historias en la vuestra, que aquí he dicho, y dejadme a mí el cargo de poner las anotaciones y acotaciones, que yo os voto a tal de llenaros los márgenes y de gastar cuatro pliegos en el fin del libro.

Vengamos ahora a la citación de los autores que los otros libros tienen, que en el vuestro os faltan. El remedio que esto tiene es muy fácil, porque no habéis de hacer otra cosa que buscar un libro que los acote todos, desde la A hasta la Z, como vos decís. Pues ese mismo abecedario pondréis vos en vuestro libro: que puesto que a la clara se vea la mentira, por la poca necesidad que vos teníades de aprovecheros dellos, no importa nada: y quizá alguno habrá tan simple, que crea que de todos os habéis aprovechado en la simple y sencilla historia vuestra. Y cuando no sirva de otra cosa, por lo menos servirá aquel largo catálogo de autores a dar de improviso autoridad al libro. Y más, que no habrá quien se ponga a averiguar si los seguistes o no los seguistes, no yéndole nada en ello. Cuanto más que, si bien caigo en la cuenta, este vuestro libro no tiene necesidad de ninguna cosa de aquellas que vos decís que le falta, porque todo él es una invectiva contra los libros de caballerías, de quien nunca se acordó Aristóteles, ni dijo nada San Basilio, ni alcanzó Cicerón: ni caen debajo de la cuenta de sus fabulosos disparates las puntualidades de la verdad, ni las observaciones de la astrología: ni le son de importancia las medidas geométricas, ni la confutación de los argumentos de quien se sirve la retórica; ni tiene para qué predicar a ninguno, mezclando lo humano con lo divino, que es un género de mezcla de quien no se ha de vestir ningún cristiano entendimiento. Sólo tiene que aprovecharse de la imitación en lo que fuere escribiendo, que cuanto ella fuere más perfecta, tanto mejor será lo que se escribiere. Y pues esta vuestra escritura no mira a más que a deshacer la autoridad y cabida que en el mundo y en el vulgo tienen los libros de caballerías, no hay para que andéis mendigando sentencias de filósofos, consejos de la divina Escritura, fábulas de poetas, oraciones de retóricos, milagros de Santos, sino procurar que a la llana, con palabras significantes, honestas y bien colocadas salga vuestra oración y período sonoro y festivo; pintando, en todo lo que alcanzáredes y fuere posible, vuestra intencion, dando a entender vuestros conceptos, sin intricarlos y escurecerlos. Procurad tambien que leyendo vuestra historia, el melancólico se mueva a risa, el risueño la acreciente, el simple no se enfade, el discreto se admire de la invención, el grave no la desprecie, ni el prudente deje de alabarla. En efecto, llevad la mira puesta a derribar la máquina mal fundada destos caballerescos libros, aborrecidos de tantos, y alabados de muchos más: que si esto alcanzásedes, no habríades alcanzado poco.

Con silencio grande estuve escuchando lo que mi amigo me decía, y de tal manera se imprimieron en mí sus razones, que sin ponerlas en disputa, las aprobé por buenas, y de ellas mismas quise hacer este prólogo: en el cual verás, lector suave, la discreción de mi amigo, la buena ventura mía en hallar en tiempo tan necesitado tal consejero, y el alivio tuyo en hallar tan sincera y tan sin revueltas la historia del famoso Don Quijote de la Mancha, de quien hay opinión por todos los habitadores del distrito del campo de Montiel, que fué el más casto enamorado y el más valiente caballero que de muchos años a esta parte se vió en aquellos contornos. Yo no quiero encarecerte el servicio que te hago en darte a conocer tan noble y tan honrado caballero; pero quiero que me agradezcas el conocimiento que tendrás del famoso Sancho Panza, su escudero, en quien a mi parecer te doy cifradas todas las gracias escuderiles que en la caterva de los libros vanos de caballerías están esparcidas. Y con esto, Dios te dé salud, y a mí no olvide.

EXTRACTS

" ¿Pero qué libro es ése que está junto a él?"

"La Galatea de Miguel de Cervantes," dijo el barbero.

"Muchos años ha que es grande amigo mío ese Cervantes, y sé que es más versado en desdichas que en versos. Su libro tiene algo de buena invención, propone algo, y no concluye nada: es menester esperar la segunda parte que promete; quizá con la enmienda alcanzará del todo la misericordia que ahora se le niega, y entretanto que esto se ve, tenedle recluso en vuestra posada, señor compadre."

"Que me place," respondió el barbero.   CAP. VI.

_____

Estando yo un día en el Alcaná de Toledo, llegó un muchacho a vender unos cartapacios y papeles viejos a un sedero; y como yo soy aficionado a leer aunque sean los papeles rotos de las calles, llevado desta mi natural inclinación tomé un cartapacio de los que el muchacho vendía.   CAP. IX.

_____

Sólo libró bien con él (el rey de Argel) un soldado español llamado tal de Saavedra, al cual, con haber hecho cosas que quedarán en la memoria de aquellas gentes por muchos años, y todas por alcanzar libertad, jamás le dió palo, ni se lo mandó dar, ni le dijo mala palabra, y por la menor cosa de muchas que hizo, temíamos todos que había de ser empalado, y así lo temió él más de una vez; y si no fuera porque el tiempo no da lugar, yo dijera ahora algo de lo que este soldado hizo, que fuera parte para entreteneros y admiraros harto mejor que con el cuento de mi historia.

CAP. XXXIX.

El ventero se llegó al cura y le dió unos papeles, diciéndole que los había hallado en un aforro de la maleta donde se halló la novela del *Curioso imperti-nente*, y que pues su dueño no había vuelto más por allí, que se los llevase todos, que pues él no sabía leer no los quería. El cura se lo agradeció, y abriéndolos luego vió que al principio de lo escrito decía: *Novela de Rinconete y Cortadillo*, por donde entendió ser alguna novela, y coligió que pues la del *Curioso im-pertinente* había sido buena, que también lo seria aquella, pues podría ser fuesen todas de un mismo autor; y así la guardó con presupuesto de leerla cuando tuviese comodidad.

CAP. XLVII.

No fué disparate *La Ingratitud vengada* ni le tuvo *La Numancia*.

CAP. XLVIII.

Novelas | Exemplares | de Miguel de | Ceruantes Saauedra. | Dirigido a Don Pedro Fernan|dez de Castro, Conde de Lemos, de Andrade, y de Villalua, | Marques de Sarria, Gentilhombre de la Camara de su | Magestad, Virrey, Gouernador, y Capitan General | del Reyno de Napoles, Comendador de la En|comienda de la Zarça de la Orden | de Alcantara. | Año 1613. | Cõ priuilegio de Castilla, y de los Reynos de la Corona de Aragõ. | En Madrid. Por Iuan de la Cuesta. | Vendese en casa de Frãcisco de Robles, librero del Rey ñro Señor. |

DEDICATORIA A DON PEDRO FERNÁNDEZ DE CASTRO,

CONDE DE LEMOS, DE ANDRADE Y DE VILLALBA, ETC.

En dos errores casi de ordinario caen los que dedican sus obras a algún príncipe. El primero es que en la carta que llaman dedicatoria, que ha de ser breve y sucinta, muy de propósito y espacio, ya llevados de la verdad o de la lisonja, se dilatan en ella en traerle a la memoria, no sólo las hazañas de sus padres y abuelos, sino las de todos sus parientes, amigos y bienhechores. Es el segundo decirles que las ponen debajo de su protección y amparo, porque las lenguas maldicientes y murmuradoras no se atrevan a morderlas y lacerarlas. Yo, pues, huyendo destos dos inconvenientes, paso en silencio aquí las grandezas y títulos de la antigua y real casa de Vuestra Excelencia, con sus infinitas virtudes, así naturales como adquiridas, dejándolas a que los nuevos Fidias y Lisipos busquen mármoles y bronces adonde grabarlas y esculpirlas, para que sean émulas a la duración de los tiempos. Tampoco suplico a Vuestra Excelencia reciba en su tutela este libro, porque sé que si él no es bueno, aunque le ponga debajo de las alas del hipógrifo de Astolfo, y a la sombra de la clava de Hércules, no dejarán los Zoílos, los Cínicos, los Aretinos y los Bernias de darse un filo en su vituperio, sin guardar respeto a nadie. Sólo suplico que advierta Vuestra Excelencia que le envío, como quien no dice nada, doce cuentos, que a no haberse labrado en la oficina de mi entendimiento, presumieran ponerse al lado de los más pintados. Tales cuales son, allá van, y yo quedo aquí contentísimo por parecerme que voy mostrando en algo el deseo que tengo de servir a Vuestra Excelencia, como a mi verdadero señor y bienhechor mío. Guarde nuestro Señor, etc. De Madrid a 13 de julio de 1613.

Criado de Vuestra Excelencia,

Miguel de Cervantes Saavedra.

PRÓLOGO

Quisiera yo, si fuera posible (lector amantísimo), excusarme de escribir este prólogo, porque no me fué tan bien con el que puse en mi *Don Quijote*, que quedase con gana de segundar con éste. Desto tiene la culpa algún amigo de los muchos que en el discurso de mi vida he granjeado antes con mi condición que con mi ingenio: el cual amigo bien pudiera, como es uso y costumbre, grabarme y esculpirme en la primera hoja de este libro, pues le diera mi retrato el famoso don Juan de Jáuregui, y con esto quedara mi ambición satisfecha, y el deseo de algunos que querrían saber qué rostro y talle tiene quien se atreve a salir con tantas invenciones en la plaza del mundo a los ojos de las gentes, poniendo debajo del retrato:—

"Este que veis aquí, de rostro aguileño, de cabello castaño, frente lisa y desembarazada, de alegres ojos, y de nariz corva aunque bien proporcionada; las barbas de plata, que no ha veinte años que fueron de oro, los bigotes grandes, la boca pequeña, los dientes ni menudos ni crecidos, porque no tiene sino seis y esos mal acondicionados y peor puestos, porque no tienen correspondencia los unos con los otros; el cuerpo entre dos extremos, ni grande ni pequeño, la color viva, antes blanca que morena, algo cargado de espaldas, y no muy ligero de pies: éste digo que es el rostro del autor de *La Galatea* y de *Don Quijote de la Mancha*, y del que hizo el *Viaje del Parnaso* a imitación del de César Caporal Perusino, y otras obras que andan por ahí descarriadas, y quizá sin el nombre de su dueño. Llámase comúnmente MIGUEL DE CERVANTES SAAVEDRA: fué soldado muchos años, y cinco y medio cautivo, donde aprendió a tener paciencia en las adversidades: perdió en la batalla naval de Lepanto la mano izquierda de un arcabuzazo; herida que, aunque parece fea, él la tiene por hermosa, por haberla cobrado en la más memorable y alta ocasión que vieron los pasados siglos, ni esperan ver los venideros, militando debajo de las vencedoras banderas del hijo del rayo de la guerra, Carlos Quinto, de felice memoria."

2—2

Y cuando a la de este amigo, de quien me quejo, no ocurrieran otras cosas de las dichas que decir de mí, yo me levantara a mí mismo dos docenas de testimonios, y se los dijera en secreto, con que extendiera mi nombre y acreditara mi ingenio; porque pensar que dicen puntualmente la verdad los tales elogios, es disparate, por no tener punto preciso ni determinado las alabanzas ni los vituperios.

En fin, pues ya esta ocasión se pasó, y yo he quedado en blanco y sin figura, será forzoso valerme por mi pico, que aunque tartamudo, no lo será para decir verdades, que dichas por señas suelen ser entendidas. Y así te digo (otra vez lector amable) que destas novelas que te ofrezco, en ningún modo podrás hacer pepitoria, porque no tienen pies ni cabeza, ni entrañas, ni cosa que les parezca; quiero decir, que los requiebros amorosos que en algunas hallarás, son tan honestos y tan medidos con la razón y discurso cristiano, que no podrán mover a mal pensamiento al descuidado o cuidadoso que las leyere.

Heles dado el nombre de *Ejemplares*, y si bien lo miras, no hay ninguna de quien no se pueda sacar un ejemplo provechoso; y si no fuera por no alargar este sujeto, quizá te mostrara el sabroso y honesto fruto que se podría sacar, así de todas juntas, como de cada una de por sí.

Mi intento ha sido poner en la plaza de nuestra república una mesa de trucos, donde cada uno pueda llegar a entretenerse sin daño de barras: digo, sin daño del alma ni del cuerpo, porque los ejercicios honestos y agradables antes aprovechan que dañan. Sí; que no siempre se está en los templos, no siempre se ocupan los oratorios, no siempre se asiste a los negocios por calificados que sean: horas hay de recreación, donde el afligido espíritu descanse. Para este efecto se plantan las alamedas, se buscan las fuentes, se allanan las cuestas, y se cultivan con curiosidad los jardines. Una cosa me atreveré a decirte: que si por algún modo alcanzara que la lección de estas novelas pudiera inducir a quien las leyera a algún mal deseo o pensamiento, antes me cortara la mano con que las escribí, que sacarlas en público: mi edad no está ya para burlarse con la otra vida, que al cincuenta y cinco de los años gano por nueve más, y por la mano.

A esto se aplicó mi ingenio, por aquí me lleva mi inclinación, y más que me doy a entender (y es así) que yo soy el primero que he novelado en lengua castellana; que las muchas novelas que en ella andan impresas, todas son traducidas de lenguas extranjeras, y éstas son mías propias, no imitadas ni hurtadas: mi ingenio las engendró y las parió mi pluma, y van creciendo en los brazos de la estampa.

Tras ellas, si la vida no me deja, te ofrezco los *Trabajos de Persiles*, libro que se atreve a competir con Heliodoro, si ya por atrevido no sale con las manos en la cabeza: y primero verás, y con brevedad, dilatadas las hazañas de *Don Quijote* y donaires de Sancho Panza; y luego las *Semanas del Jardín*. Mucho prometo con fuerzas tan pocas como las mías; pero ¿quién pondrá rienda a los deseos? Sólo esto quiero que consideres: que pues yo he tenido osadía de dirigir estas novelas al gran conde de Lemos, algún misterio tienen escondido, que las levanta. No más, sino que Dios te guarde, y a mí me dé paciencia para llevar bien el mal que han de decir de mí más de cuatro sotiles y almidonados. Vale.

Viage | del Parnaso | compvesto por | Miguel de Ceruantes | Saauedra. | Dirigido a don Rodrigo de Tapia, | Cauallero del Habito de Santiago, | hijo del señor Pedro de Tapia Oy | dor de Consejo Real, y Con- sultor | del Santo Oficio de la Inqui|sicion Suprema. | Año 1614 | Con privilegio | En Madrid, | por la viuda de Alonso Martin.

DEDICATORIA

Dirijo a Vm. este Viaje que hice al Parnaso, que no desdice a su edad florida, ni a sus loables y estudiosos ejercicios. Si Vm. le hace el acogimiento que yo espero de su condición ilustre, él quedará famoso en el mundo, y mis deseos premiados. Nuestro Señor, etc.

Miguel de Cervantes Saavedra.

PRÓLOGO AL LECTOR

Si por ventura, lector curioso, eres poeta, y llegare a tus manos (aunque pecadoras) este Viaje, si te hal- lares en él escrito, y notado entre los buenos poetas, da gracias a Apolo por la merced que te hizo; y si no te hallares, tambien se las puedes dar. Y Dios te guarde.

EL AUTOR A SU PLUMA

SONETO

Pues veis que no me han dado algún soneto
    Que ilustre deste libro la portada,

Venid vos, plumá mía mal cortada,
　Y hacedle, aunque carezca de discreto.
Haréis que excuse el temerario aprieto
　De andar de una en otra encrucijada,
　Mendigando alabanzas, excusada
　Fatiga e impertinente, yo os prometo.
Todo soneto y rima allá se avenga,
　Y adorne los umbrales de los buenos,
　Aunque la adulación es de ruin casta,
Y dadme vos que este *Viaje* tenga
　De sal un panecillo por lo menos;
　Que yo os le marco por vendible, y basta.

EXTRACTS

Yo que siempre trabajo y me desvelo
Por parecer que tengo de poeta
La gracia, que no quiso darme el cielo:
　Quisiera despachar a la estafeta
Mi alma, o por los aires, y ponella
Sobre las cumbres del nombrado Oeta.
　Pues descubriendo desde allí la bella
Corriente de Aganipe, en un saltico
Pudiera el labio remojar en ella:
　Y quedar del licor süave y rico
El pancho lleno: y ser de allí adelante
Poeta ilustre, o al menos magnifico.
　Mas mil inconvenientes al instante
Se me ofrecieron, y quedó el deseo
En cierne, desvalido, é ignorante.
　Porque en la piedra que en mis hombros veo,
Que la fortuna me cargó pesada,
Mis mal logradas esperanzas leo.

Las muchas leguas de la gran jornada
Se me representaron que pudieran
Torcer la voluntad aficionada,
 Si en aquel mismo instante no acudieran
Los humos de la fama a socorrerme,
Y corto y fácil el camino hicieran.
 Dije entre mí: si yo viniese a verme
En la difícil cumbre deste monte,
Y una guirnalda de laurel ponerme;
 No envidiaría el bien decir de Aponte,
Ni del muerto Galarza la agudeza,
En manos blando, en lengua Radamonte.
 Mas como de un error siempre se empieza,
Creyendo a mi deseo, di al camino
Los pies, porque di al viento la cabeza.
 En fin sobre las ancas del destino,
Llevando a la elección puesta en la silla
Hacer el gran viaje determino.

Vayan pues los leyentes con letura,
Cual dice el vulgo mal limado y bronco,
Que yo soy un poeta desta hechura,
 Cisne en las canas, y en la voz un ronco
Y negro cuervo, sin que el tiempo pueda
Desbastar de mi ingenio el duro tronco:
 Y que en la cumbre de la varia rueda
Jamas me pude ver sólo un momento,
Pues cuando subir quiero, se está queda.
 Pero por ver si un alto pensamiento
Se puede prometer feliz suceso,
Seguí el viaje a paso tardo y lento.
 Un candeal con ocho mis de queso
Fué en mis alforjas mi repostería,

Util al que camina, y leve peso.
   A Dios dije a la humilde choza mía,
A Dios, Madrid, a Dios tu Prado, y fuentes
Que manan néctar, llueven ambrosía.
   A Dios, conversaciones suficientes
A entretener un pecho cuidadoso,
Y a dos mil desvalidos pretendientes.
   A Dios, sitio agradable y mentiroso,
Do fueron dos gigantes abrasados
Con el rayo de Júpiter fogoso.
   A Dios, teatros públicos, honrados
Por la ignorancia que ensalzada veo
En cien mil disparates recitados.
   A Dios de San Felipe el gran paseo,
Donde si baja, o sube el turco galgo,
Como en gaceta de Venecia leo.
   A Dios, hambre sotil de algún hidalgo,
Que por no verme ante tus puertas muerto,
Hoy de mi patria, y de mí mismo salgo.
   Con esto poco a poco llegué al puerto,
A quien los de Cartago dieron nombre,
Cerrado a todos vientos y encubierto.
   A cuyo claro y singular renombre
Se postran cuantos puertos el mar baña,
Descubre el sol, y ha navegado el hombre.
   Arrojóse mi vista a la campaña
Rasa del mar, que trujo a mi memoria
Del heroico don Juan la heroica hazaña.
   Donde con alta de soldados gloria,
Y con propio valor y airado pecho
Tuve, aunque humilde, parte en la victoria
   Allí con rabia y con mortal despecho
El otomano orgullo vió su brío

Hollado y reducido a pobre estrecho.

Lleno pues de esperanzas, y vacío
De temor, busqué luego una fragata,
Que efectuase el alto intento mío.

Cuando por la, aunque azul, líquida plata
Vi venir un bajel a vela y remo,
Que tomar tierra en el gran puerto trata.

Ancoras echa, y en el puerto para,
Y arroja un ancho esquife al mar tranquilo
Con música, con grito y algazara.

Usan los marineros de su estilo,
Cubren la popa con tapetes tales
Que es oro y sirgo de su trama el hilo.

Tocan de la ribera los umbrales:
Sale del rico esquife un caballero
En hombros de otros cuatro principales.

En cuyo traje y ademán severo
Ví de Mercurio al vivo la figura,
De los fingidos dioses mensajero,

En el gallardo talle y compostura,
En los alados pies, y el caduceo,
Símbolo de prudencia y de cordura.

Digo, que al mismo paraninfo veo,
Que trujo mentirosas embajadas
A la tierra del alto coliseo.

Vile, y apenas puso las aladas
Plantas en las arenas venturosas
Por verse de divinos pies tocadas:

Cuando yo revolviendo cien mil cosas
En la imaginación, llegué a postrarme
Ante las plantas por adorno hermosas.

Mandóme el dios parlero luego alzarme,

Y con medidos versos y sonantes,
Desta manera comenzó a hablarme:
  ¡O Adán de los poetas, o Cervantes!
¿Qué alforjas y qué traje es este, amigo?
Que así muestra discursos ignorantes.
  Yo, respondiendo a su demanda, digo:
Señor, voy al Parnaso, y como pobre
Con este aliño mi jornada sigo.
  Y él a mí dijo: ¡O sobrehumano, y sobre
Espíritu cilenio levantado!
Toda abundancia, y todo honor te sobre.
  Que en fin has respondido a ser soldado
Antiguo y valeroso, cual lo muestra
La mano de que estás estropeado.
  Bien sé que en la naval dura palestra
Perdiste el movimiento de la mano
Izquierda, para gloria de la diestra.
  Y sé que aquel instinto sobrehumano
Que de raro inventor tu pecho encierra,
No te le ha dado el padre Apolo en vano.
  Tus obras los rincones de la tierra,
Llevándolas en grupa Rocinante,
Descubren, y a la envidia mueven guerra.
  Pasa, raro inventor, pasa adelante
Con tu sotil disinio, y presta ayuda
A Apolo; que la tuya es importante.   CAP. I.

———————

(La Sirena) Estaba descuidada oyendo atenta
Los discursos de un cierto Sancho Panza. CAP. II.

———————

  Vióse la pesadumbre sin fatiga
De la bella Partenope, sentada
A la orilla del mar, que sus pies liga.

Mandóme el del alígero calzado
Que me aprestase y fuese luego a tierra
A dar a los Lupercios un recado.

— Senor, le respondí, si acaso hubiese
Otro que la embajada les llevase
Que más grato a los dos hermanos fuese.

Que no sé quién me dice, y quién me exhorta
Que tienen para mí, a lo que imagino,
La voluntad, como la vista, corta.

Pues si alguna promesa se cumpliera
De aquellas muchas que al partir me hicieron,
Lléveme Dios si entrara en tu galera,
Mucho esperé, si mucho prometieron:
Mas podra ser que ocupaciones nuevas
Les obligue a olvidar lo que dijeron.

———————

Primero a un jardín rico nos reduce,
Donde el poder de la naturaleza
Y el de la industría más campea y luce.
Alto en el sitio alegre Apolo hacía,
Y allí mandó que todos se sentasen
A tres horas despues de mediodía.
Y porque los asientos señalasen
El ingenio y valor de cada uno,
Y unos con otros no se embarazasen;
A despecho y pesar del importuno
Ambicioso deseo, les dió asiento
En el sitio y lugar más oportuno.
Llegaban los laureles casi a ciento,
A cuya sombra y troncos se sentaron

Algunos de aquel número contento.
   Otros los de las palmas ocuparon,
De los mirtos, y hiedras, y los robles
Tambien varios poetas albergaron.
   Puesto que humildes, eran de los nobles
Los asientos cual tronos levantados,
Porque tú, o envidia, aquí tu rabia dobles.
   En fin, primero fueron ocupados
Los troncos de aquel ancho circuito,
Para honrar a poetas dedicados,
   Antes que yo en el número infinito
Hallase asiento: y así en pie quedéme
Despechado, colérico y marchito.
   Dije entre mí: ¿Es posible que se extreme
En perseguirme la fortuna airada,
Que ofende a muchos y a ninguno teme?
   Y volviéndome a Apolo con turbada
Lengua le dije lo que oirá el que gusta
Saber, pues la tercera es acabada,
La cuarta parte desta empresa justa.   CAP. III.

———————

   Suele la indignacion componer versos,
Pero si el indignado es algún tonto,
Ellos tendrán su todo de perversos.
   De mí yo no sé más, sino que pronto
Me hallé para decir en tercia rima
Lo que no dijo el desterrado al Ponto.
   Y así le dije a Delio: No se estima,
Señor, del vulgo vano el que te sigue
Y al árbol sacro del laurel se arrima.
   La envidia y la ignorancia le persigue,
Y así envidiado siempre y perseguido
El bien que espera, por jamás consigue.

Yo corté con mi ingenio aquel vestido,
Con que al mundo la hermosa *Galatea*
Salió para librarse del olvido.

Soy por quien *la Confusa* nada fea
Pareció en los teatros admirable,
Si esto a su fama es justo se le crea.

Yo con estilo en parte razonable
He compuesto *Comedias*, que en su tiempo
Tuvieron de lo grave y de lo afable.

Yo he dado en *Don Quijote* pasatiempo
Al pecho melancólico y mohino
En cualquiera sazón, en todo tiempo.

Yo he abierto en mis *Novelas* un camino,
Por do la lengua castellana puede
Mostrar con propiedad un desatino.

Yo soy aquel que en la invención excede
A muchos, y al que falta en esta parte,
Es fuerza que su fama falta quede.

Desde mis tiernos años amé el arte
Dulce de la agradable poesía,
Y en ella procuré siempre agradarte.

Nunca voló la pluma humilde mía
Por la region satírica, bajeza
Que a infames premios y desgracias guía.

Yo el soneto compuse que así empieza,
Por honra principal de mis escritos:
Voto a Dios que me espanta esta grandeza.

Yo he compuesto *Romances* infinitos,
Y el de los Celos es aquel que estimo,
Entre otros que los tengo por malditos.

Por esto me congojo y me lastimo
De verme solo en pie, sin que se aplique
Arbol que me conceda algún arrimo.

Yo estoy, cual decir suelen, puesto a pique
Para dar a la estampa al gran *Persiles*,
Con que mi nombre y obras multiplique.

Yo en pensamientos castos y sotiles,
Dispuestos en soneto de a docena,
He honrado tres sugetos fregoniles.

Tambien al par de *Filis* mi *Filena*
Resonó por las selvas, que escucharon
Más de una y otra alegre cantilena.

Y en dulces varias rimas se llevaron
Mis esperanzas los ligeros vientos,
Que en ellos y en la arena se sembraron.

Tuve, tengo y tendré los pensamientos,
Merced al cielo que a tal bien me inclina,
De toda adulación libres y exentos.

Nunca pongo los pies por do camina
La mentira, la fraude y el engaño,
De la santa virtud total ruina.

Con mi corta fortuna no me ensaño,
Aunque por verme en pie, como me veo,
Y en tal lugar, pondero así mi daño.

Con poco me contento, aunque deseo
Mucho. A cuyas razones enojadas,
Con estas blandas respondió Timbreo:

Vienen las malas suertes atrasadas,
Y toman tan de lejos la corriente,
Que son temidas, pero no escusadas.

El bien les viene a algunos de repente,
A otros poco a poco y sin pensallo,
Y el mal no guarda estilo diferente.

El bien que está adquirido, conservallo
Con maña, diligencia y con cordura
Es no menor virtud, que el grangeallo.

Tú mismo te has forjado tu ventura,
Y yo te he visto alguna vez con ella,
Pero en el imprudente poco dura.

Mas si quieres salir de tu querella,
Alegre, y no confuso, y consolado,
Dobla tu capa, y siéntate sobre ella.

Que tal vez suele un venturoso estado,
Cuando le niega sin razon la suerte,
Honrar más merecido, que alcanzado.

Bien parece, señor, que no se advierte,
Le respondí, que yo no tengo capa.
Él dijo: Aunque sea así, gusto de verte.

La virtud es un manto con que tapa
Y cubre su indecencia la estrecheza,
Que exenta y libre de la envidia escapa.

Incliné al gran consejo la cabeza.
Quedéme en pie: que no hay asiento bueno,
Si el favor no le labra, o la riqueza.

Alguno murmuró, viéndome ageno
Del honor que pensó se me debía,
Del planeta de luz y virtud lleno.

También tiene el ingenio su codicia,
Y nunca la alabanza se desprecia,
Que al bueno se le debe de justicia.

Aquel que de poeta no se precia,
¿Para qué escribe versos y los dice?
¿Porqué desdeña lo que mas aprecia?

Jamas me contenté, ni satisfice
De hipócritas melindres. Llanamente
Quise alabanzas de lo que bien hice. CAP. IV.

Y díjeme a mí mismo: No me engaño.
Esta ciudad es Nápoles la ilustre,
Que yo pisé sus ruas mas de un año.

En mis horas más frescas y tempranas
Esta tierra habité, hijo, le dije,
Con fuerzas más briosas y lozanas.
Pero la voluntad que a todos rige,
Digo el querer del cielo, me ha traído
A parte que me alegra más que aflige.

———————

Fuíme, con esto, y lleno de despecho
Busqué mi antigua y lobrega posada,
Y arrojéme molido sobre el lecho;
Que cansa cuando es larga una jornada.

CAP. VIII.

ADJUNTA AL PARNASO

Algunos días estuve reparándome de tan largo viaje, al cabo de los cuales salí a ver y a ser visto, y a recebir parabienes de mis amigos y malas vistas de mis enemigos, que puesto que pienso que no tengo ninguno, todavía no me aseguro de la común suerte. Sucedió pues que saliendo una mañana del monasterio de Atocha, se llegó a mí un mancebo al parecer de veinte y cuatro años, poco más o menos, todo limpio, todo aseado y todo crujiendo gorgoranes, pero con un cuello tan grande y tan almidonado, que creí que para llevarle fueran menester los hombros de otro Atlante. Hijos deste cuello eran dos puños chatos, que comenzando de las muñecas, subían y trepaban por las canillas del brazo arriba, que parecía que iban a dar asalto a las barbas. No he visto yo hiedra tan codiciosa de subir desde el pie de la muralla donde se arrima hasta las almenas, como el ahinco que llevaban estos puños a ir a darse de puñadas con los codos. Finalmente la exorbitancia del cuello y puños era tal, que en el cuello se escondía y sepultaba el rostro, y en los puños los brazos.

Digo pues que el tal mancebo se llegó a mí, y con voz grave y reposada me dijo: "¿Es por ventura vm. el señor Miguel de Cervantes Saavedra, el que ha pocos días que vino del Parnaso?"

A esta pregunta creo sin duda, que perdí la color del rostro, porque en un instante imaginé y dije entre mí: "¿Si es éste alguno de los poetas que puse, o dejé de poner en mi Viaje, y viene ahora a darme el pago que él se imagina se me debe?" Pero sacando fuerzas de flaqueza, le respondí: "Yo, señor, soy el mismo que vm. dice: ¿qué es lo que se me manda?"

Él luego en oyendo esto, abrió los brazos, y me los echó al cuello, y sin duda me besara en la frente, si la grandeza del cuello no lo impidiera, y díjome: "Vm. señor Cervantes, me tenga por su servidor y por su amigo, porque ha muchos días que le soy muy aficionado así por sus obras, como por la fama de su apacible condición."

Oyendo lo cual respiré, y los espíritus que andaban alborotados, se sosegaron; y abrazándole yo también con recato de no ajarle el cuello, le dije: "Yo no conozco a vm. si no es para servirle; pero por las muestras bien se me trasluce que vm. es muy discreto y muy principal: calidades que obligan a tener en veneración a la persona que las tiene."

Con estas pasamos otras corteses razones, y anduvieron por alto los ofrecimientos, y de lance en lance me dijo: "Vm. sabrá, señor Cervantes, que yo por la gracia de Apolo soy poeta, o a lo menos deseo serlo, y mi nombre es Pancracio de Roncesvalles."

Miguel. "Nunca tal creyera, si vm. no me lo hubiera dicho por su misma boca."

Pancracio. " ¿Pues porqué no lo creyera vm.?"

Mig. "Porque los poetas por maravilla andan tan atildados como vm., y es la causa, que como son de ingenio tan altaneros y remontados, antes atienden a las cosas del espíritu, que a las del cuerpo."

"Yo, señor," dijo él, "soy mozo, soy rico, y soy enamorado: partes que deshacen en mí la flojedad que infunde la poesía. Por la mocedad tengo brío; con la riqueza con que mostrarle; y con el amor con que no parecer descuidado."

"Las tres partes del camino," le dije yo, "se tiene vm. andadas para llegar a ser buen poeta."

Pan. " ¿Cuáles son?"

Mig. "La de la riqueza y la del amor. Porque los partos de los ingenios de la persona rica y enamorada son asombros de la avaricia, y estímulos de la liberalidad, y en el poeta pobre la mitad de sus divinos partos y pensamientos se los llevan los cuidados de buscar el ordinario sustento. Pero dígame vm. por su vida: ¿de qué suerte de menestra poética gasta o gusta más?"

A lo que respondió: "No entiendo eso de menestra poética."

Mig. "Quiero decir que a qué género de poesía es vm. mas inclinado? al lírico, al heroico, o al cómico?"

"A todos estilos me amaño," respondió él; "pero en el que más me ocupo, es en el cómico."

Mig. "Desa manera habrá vm. compuesto algunas comedias."

Pan. "Muchas, pero sólo una se ha representado."

Mig. "¿Pareció bien?"

Pan. "Al vulgo no."

Mig. "¿Y a los discretos?"

Pan. "Tampoco."

Mig. "¿La causa?"

Pan. "La causa fué, que la achacaron que era larga en los razonamientos, no muy pura en los versos, y desmayada en la invención."

"Tachas son éstas," respondí yo, "que pudieran hacer parecer mal a las del mismo Plauto."

"Y más," dijo él, "que no pudieron juzgarla, porque no la dejaron acabar según la gritaron. Con todo esto la echó el autor para otro día: pero ¡porfiar, que porfiar! cinco personas vinieron apenas."

"Créame vm.," dije yo, "que las comedias tienen días, como algunas mugeres hermosas: y que esto de acertarlas bien, va tanto en la ventura, como en el ingenio: comedia he visto yo apedreada en Madrid, que la han laureado en Toledo: y no por esta primer desgracia deje vm. de proseguir en componerlas, que podrá ser que cuando menos lo piense, acierte con alguna que le dé crédito y dineros."

"De los dineros no hago caso," respondió él; "más preciaría la fama, que cuanto hay: porque es cosa de grandísimo gusto, y de no menos importancia ver salir mucha gente de la comedia, todos contentos, y estar el poeta que la compuso a la puerta del teatro, recibiendo parabienes de todos."

"Sus descuentos tienen esas alegrías," le dije yo, "que tal vez suele ser la comedia tan pésima, que no hay quien alce los ojos a mirar al poeta, ni aun él para cuatro calles del coliseo, ni aun los alzan los que la recitaron, avergonzados y corridos de haberse engañado y escogídola por buena."

"Y vm., señor Cervantes," dijo él, "¿ha sido aficionado a la carátula? ¿ha compuesto alguna comedia?"

"Sí," dije yo: "muchas, y a no ser mías, me parecieran dignas de alabanza, como lo fueron *Los Tratos de Argel, La Numancia, La gran Turquesca, La Batalla Naval, La Jerusalem, La Amaranta o La del Mayo, El Bosque amoroso, La Unica y la bizarra Arsinda*, y otras muchas de que no me acuerdo; mas la que yo más estimo, y de la que más me precio, fué y es, de una llamada *La Confusa*, la cual, con paz sea dicho de cuantas comedias de capa y espada hasta hoy se han representado, bien puede tener lugar señalado por buena entre las mejores."

Pan. "¿Y agora tiene vm. algunas?"

Mig. "Seis tengo con otros seis entremeses."

Pan. "¿Pues porqué no se representan?"

Mig. "Porque ni los autores me buscan, ni yo les voy a buscar a ellos."

Pan. "No deben de saber que vm. las tiene."

Mig. "Sí saben, pero como tienen sus poetas paniaguados, y les va bien con ellos, no buscan pan de trastrigo; pero yo pienso darlas a la estampa, para que se vea de espacio lo que pasa apriesa, y se disimula, o no se entiende cuando las representan; y las comedias tienen sus sazones y tiempos como los cantares." Aquí llegábamos con nuestra plática, cuando Pancracio puso la mano en el seno, y sacó dél una carta con su cubierta, y besándola, me la puso en la mano: leí el sobrescrito y vi que decía desta manera:

"'A Miguel de Cervantes Saavedra, en la calle de las Huertas, frontero de las casas donde solía vivir el

príncipe de Marruecos, en Madrid.' Al porte: medio
real, digo diez y siete maravedis."

Escandalizóme el porte, y de la declaración del
medio real, digo diez y siete. Y volviéndosela le dije:
"Estando yo en Valladolid llevaron una carta a mi
casa para mí, con un real de porte: recibióla y pagó el
porte una sobrina mía, que nunca ella le pagara; pero
dióme por disculpa, que muchas veces me había oído
decir que en tres cosas era bien gastado el dinero: en
dar limosna, en pagar al buen médico, y en el porte
de las cartas, ora sean de amigos, o de enemigos, que
las de los amigos avisan, y de las de los enemigos se
puede tomar algún indicio de sus pensamientos.
Diéronmela, y venía en ella un soneto malo, des-
mayado, sin garbo, ni agudeza alguna, diciendo mal
de Don Quijote, y de lo que me pesó, fué del real, y
propuse desde entonces de no tomar carta con porte:
así que, si vm. le quiere llevar desta, bien se la puede
volver, que yo sé que no me puede importar tanto
como el medio real que se me pide."

Rióse muy de gana el señor Roncesvalles, y díjome:
"Aunque soy poeta, no soy tan mísero que me afi-
cionen diez y siete maravedis. Advierta vm., señor
Cervantes, que esta carta por lo menos es del mismo
Apolo: él la escribió no ha veinte dias en el Parnaso,
y me la dió para que a vm. la diese: vm. la lea, que yo
sé que le ha de dar gusto."

"Haré lo que vm. me manda," respondí yo: "pero
quiero que antes de leerla, vm. me le haga de decirme,
¿cómo, cuándo, y a qué fué al Parnaso?"

Y él respondió: "Cómo fuí, fué por mar, y en una
fragata que yo y otros diez poetas fletamos en Barcelona: cuándo fuí, fué seis días despues de la batalla

que se dió entre los buenos y los malos poetas: a qué fuí, fué a hallarme en ella por obligarme a ello la profesión mía."

"A buen seguro," dije yo, "que fueron vms. bien recebidos del señor Apolo."

Pan. "Sí fuímos, aunque le hallamos muy ocupado a él, y a las señoras Piérides, arando y sembrando de sal todo aquel término del campo donde se dió la batalla. Preguntéle para qué se hacía aquello, y respondióme, que así como de los dientes de la serpiente de Cadmo habían nacido hombres armados, y de cada cabeza cortada de la hidra que mató Hércules, habían renacido otras siete, y de las gotas de la sangre de la cabeza de Medusa se había llenado de serpientes toda la Libia; de la misma manera de la sangre podrida de los malos poetas que en aquel sitio habían sido muertos, comenzaban a nacer del tamaño de ratones otros poetillas rateros, que llevaban camino de henchir toda la tierra de aquella mala simiente, y que por esto se araba aquel lugar, y se sembraba de sal, como si fuera casa de traidores."

En oyendo esto, abrí luego la carta, y vi que decía.

APOLO DÉLFICO
A MIGUEL DE CERVANTES SAAVEDRA
SALUD

EL señor Pancracio Roncesvalles, llevador desta, dirá a Vm., señor Miguel de Cervantes, en qué me halló ocupado el día que llegó a verme con sus amigos. Y yo digo, que estoy muy quejoso de la descortesía que conmigo se usó en partirse Vm. deste monte sin despedirse de mí, ni de mis hijas, sabiendo cuánto le soy aficionado, y las musas por el consiguiente: pero si se me da por disculpa que le llevó el deseo de ver a su Mecenas el gran conde de Lemos en las fiestas famosas de Nápoles, yo la acepto y le perdono.

Después que Vm. partió deste lugar, me han sucedido muchas desgracias, y me he visto en grandes aprietos, especialmente por consumir y acabar los poetas que iban naciendo de la sangre de los malos que aquí murieron, aunque ya, gracias al cielo y a mi industria, este daño está remediado.

No sé si del ruido de la batalla, o del vapor que arrojó de sí la tierra, empapada en la sangre de los contrarios, me han dado unos vaguidos de cabeza, que verdaderamente me tienen como tonto, y no acierto a escribir cosa que sea de gusto, ni de provecho: así, si Vm. viere por allá que algunos poetas, aunque sean de los mas famosos, escriben y componen impertinencias y cosas de poco fruto, no los culpe, ni los tenga en menos, sino que disimule con ellos: que pues yo que soy el padre y el inventor de la poesía, deliro y parezco mentecato, no es mucho que lo parezcan ellos.

Envío a Vm. unos privilegios, ordenanzas y advertimientos, tocantes a los poetas: Vm. los haga guardar y cumplir al pie de la letra, que para todo ello doy a Vm. mi poder cumplido cuando de derecho se requiere.

Entre los poetas que aquí vinieron con el señor Pancracio Roncesvalles, se quejaron algunos de que no iban en la lista de los que Mercurio llevó a España, y que así Vm. no los había puesto en su Viaje. Yo les dije, que la culpa era mía y no de Vm., pero que el remedio deste daño estaba en que procurasen ellos ser famosos por sus obras, que ellas por sí mismas les darían fama y claro renombre, sin andar mendigando ajenas alabanzas.

De mano en mano, si se ofreciere ocasión de mensa-
gero, iré enviando más privilegios, y avisando de lo que
en este monte pasare. Vm. haga lo mismo, avisándome
de su salud, y de la de todos los amigos.

Al famoso Vicente Espinel dará Vm. mis encomien-
das, como a uno de los más antiguos y verdaderos
amigos que yo tengo.

Si D. Francisco de Quevedo no hubiere partido para
venir a Sicilia, donde le esperan, tóquele Vm. la mano,
y dígale que no deje de llegar a verme, pues estaremos
tan cerca; que cuando aquí vino, por la súbita partida
no tuve lugar de hablarle.

Si Vm. encontrare por allá algún tránsfuga de los
veinte que se pasaron al bando contrario, no les diga
nada, ni los aflija, que harta mala ventura tienen, pues
son como demonios, que se llevan la pena y la confusión
con ellos mismos, do quiera que vayan.

Vm. tenga cuenta con su salud, y mire por sí, y guár-
dese de mí, especialmente en los caniculares, que aunque le soy amigo, en tales días no va en mi mano, ni
miro en obligaciones, ni en amistades.

Al señor Pancracio Roncesvalles téngale Vm. por
amigo, y communíquelo: y pues es rico no se le dé nada
que sea mal poeta. Y con esto nuestro Señor guarde a
Vm. como puede y yo deseo. Del Parnaso a 22 de julio,
el día que me calzo las espuelas para subirme sobre la
Canícula, 1614.

Servidor de Vm.

APOLO LUCIDO.

En acabando la carta, vi que en un papel aparte
venía escrito.

PRIVILEGIOS, ORDENANZAS Y ADVER-
TENCIAS, QUE APOLO ENVÍA
A LOS POETAS ESPAÑOLES

Es el primero, que algunos poetas sean conocidos tanto por el desaliño de sus personas, como por la fama de sus versos.

Item, que si algún poeta dijere que es pobre, sea luego creído por su simple palabra, sin otro juramento o averiguación alguna.

Ordénase, que todo poeta sea de blanda y de suave condición, y que no mire en puntos, aunque los traiga sueltos en sus medias.

Item, que si algún poeta llegare a casa de algún su amigo o conocido, y estuviere comiendo y le convidare, que aunque él jure que ya ha comido, no se le crea en ninguna manera, sino que le hagan comer por fuerza, que en tal caso no se le hará muy grande.

Item, que el más pobre poeta del mundo, como no sea de los Adanes y Matusalenes, pueda decir que es enamorado, aunque no lo esté, y poner el nombre a su dama como más le viniere a cuento, ora llamándola Amarili, ora Anarda, ora Clori, ora Filis, ora Fílida, o ya Juana Tellez, o como más gustare, sin que desto se le pueda pedir ni pida razón alguna.

Item, se ordena que todo poeta de cualquiera calidad y condición que sea, sea tenido y le tengan por hijodalgo en razón del generoso ejercicio en que se ocupa, como son tenidos por cristianos viejos los niños que llaman de la piedra.

Item, se advierte que ningún poeta sea osado de escribir versos en alabanzas de príncipes y señores, por ser mi intención y advertida voluntad, que la lisonja ni la adulación no atraviesen los umbrales de mi casa.

Item, que todo poeta cómico, que felizmente hubiere sacado a luz tres comedias, pueda entrar sin pagar en los teatros, si ya no fuere la limosna de la segunda puerta, y aun ésta, si pudiese ser, la escuse.

Item, se advierte que si algún poeta quisiere dar a la estampa algún libro que él hubiere compuesto, no se dé a entender que por dirigirle a algún monarca, el tal libro ha de ser estimado, porque si él no es bueno, no le adobará la dirección, aunque sea hecha al prior de Guadalupe.

Item, se advierte que todo poeta no se desprecie de decir que lo es; que si fuere bueno, será digno de alabanza, y si malo, no faltará quien lo alabe, que cuando nace la escoba, etc.

Item, que todo buen poeta pueda disponer de mí, y de lo que hay en el cielo a su beneplácito: conviene a saber, que los rayos de mi cabellera los pueda trasladar y aplicar a los cabellos de su dama, y hacer dos soles sus ojos, que conmigo serán tres, y así andará el mundo más alumbrado; y de las estrellas, signos y planetas puede servirse de modo, que cuando menos lo piense, la tenga hecha una esfera celeste.

Item, que todo poeta a quien sus versos le hubieren dado a entender que lo es, se estime y tenga en mucho, ateniéndose a aquel refrán: ruin sea el que por ruin se tiene.

Item, se ordena que ningún poeta grave haga corrillo en lugares públicos, recitando sus versos, que los que son buenos en las aulas de Atenas se habían de recitar, que no en las plazas.

Item, se da por aviso particular que si alguna madre tuviere hijos pequeñuelos, traviesos y llorones, los pueda amenazar y espantar con el coco, diciéndoles: "Guardáos, niños, que viene el poeta fulano, que os echará con sus malos versos en la sima de Cabra, o en el pozo Airón."

Item, que los días de ayuno no se entienda que los ha quebrantado el poeta que aquella mañana se ha comido las uñas al hacer de sus versos.

Item, se ordena que todo poeta que diere en ser espadachín, valentón y arrojado, por aquella parte de la valentía se le desagüe y vaya la fama que podía alcanzar por sus buenos versos.

Item, se advierte que no ha de ser tenido por ladrón el poeta que hurtare algún verso ajeno, y le encajare entre los suyos, como no sea todo el concepto y toda la copla entera, que en tal caso tan ladrón es como Caco.

Item, que todo buen poeta, aunque no haya compuesto poema heroico, ni sacado al teatro del mundo obras grandes, con cualesquiera, aunque sean pocas, pueda alcanzar renombre de Divino, como le alcanzaron Garcilaso de la Vega, Francisco de Figueroa, el capitán Francisco de Aldana, y Hernando de Herrera.

Item, se da aviso que si algún poeta fuere favorecido de algún príncipe, ni le visite a menudo, ni le pida nada, sino déjese llevar de la corriente de su ventura, que el que tiene providencia de sustentar las sabandijas de la tierra y los gusarapos del agua, la tendrá de alimentar a un poeta por sabandija que sea.

En suma, estos fueron los privilegios, advertencias y ordenanzas que Apolo me envió, y el señor Pancracio de Roncesvalles me trujo, con quien quedé en mucha amistad, y los dos quedamos de concierto de despachar un propio con la respuesta al señor Apolo, con las nuevas desta corte. Daráse noticia del día para que todos sus aficionados le escriban.

Ocho | Comedias, y ocho | entremeses nvevos, | nunca representados. | Compuestas por Migvel | de Ceruantes Saauedra. | Dirigidas a Don Pedro Fer|nandez de Castro, Conde de Lemos, de Andrade, | y de Villalua, Marques de Sarria, Gentil-hombre | de la Camara de su Magestad, Comendador de | la Encomienda de Peñafiel, y la Zarça, de la Or|den de Alcantara, Virrey, Gouernador, y Capi|tan general del Reyno de Napoles, y Presi|dente del supremo Consejo | de Italia. Los titulos destas ocho comedias | y sus entremeses van en la quarta hoja. | Año 1615. | Con privilegio. | En Madrid, Por la viuda de Alonso Martin. | A costa de Ivan de Villarroel, mercader de libros, vendense en su casa | a la plaçuela del Angel. |

PRÓLOGO AL LECTOR

No puedo dejar (lector carísimo) de suplicarte me perdones si vieres que en este Prólogo salgo algún tanto de mi acostumbrada modestia; los días pasados me hallé en una conversación de amigos, donde se trató de Comedias, y de las cosas a ellas concernientes; y de tal manera los subtilizaron y atildaron, que a mi parecer vinieron a quedar en punto de toda perfección;

tratóse también de quién fué el primero que en España
las sacó de mantillas y las puso en toldo y vistió de
gala y apariencia. Yo, como el más viejo que allí
estaba, dije que me acordaba de haber visto representar
al gran Lope de Rueda, varón insigne en la repre-
sentación, y en el entendimiento. Fué natural de
Sevilla, y de oficio batihoja, que quiere decir, de los
que hacen panes de oro: fué admirable en la poesía
pastoril; y en este módo ni entonces ni después acá
ninguno le ha llevado ventaja. Y aunque por ser
muchacho yo entonces no podía hacer juicio firme de
la bondad de sus versos, por algunos que me quedan
en la memoria—vistos ahora en la edad madura que
tengo—hallo ser verdad lo que he dicho: y si no
fuera por no salir del propósito de Prólogo, pusiera
aquí algunos que acreditaran esta verdad. En el tiempo
de este célebre Español todos los aparatos de un autor
de Comedias se encerraban en un costal, y se cifra-
ban en cuatro pellicos blancos guarnecidos de guada-
mecí dorado, y en cuatro barbas y cabelleras y cuatro
cayados poco más o menos. Las Comedias eran unos
coloquios como Églogas entre dos o tres pastores y
alguna pastora. Aderezábanlas y dilatábanlas con dos
o tres Entremeses, ya de negra, ya de rufián, ya de
bobo, y ya de Vizcaíno, que todas estas cuatro figuras
y otras muchas hacía el tal Lope con la mayor excelencia y propriedad que pudiera imaginarse. No
había en aquel tiempo tramoyas ni desafíos de Moros
y Cristianos a pie ni a caballo. No había figura que
saliese o pareciese salir del centro de la tierra por lo
hueco del teatro, al cual componían cuatro bancos en
cuadro y cuatro o seis tablas encima, con que se
levantaba del suelo cuatro palmos; ni menos bajaban

del cielo nubes con Angeles o con almas. El adorno
del teatro era una manta vieja tirada con dos cuerdas
de una parte a otra, que hacía lo que llaman vestuario,
detrás de la cual estaban los músicos cantando sin
guitarra algún Romance antiguo. Murió Lope de
Rueda, y por hombre excelente y famoso le enterraron
en la Iglesia mayor de Córdoba (donde murió) entre
los dos coros, donde también está enterrado aquel
famoso loco Luis López. Sucedió a Lope de Rueda
Navarro natural de Toledo, el cual fué famoso en hacer
la figura de un rufián cobarde. Este levantó algún
tanto más el adorno de las Comedias, y mudó el costal
de vestidos en cofres y en baules. Sacó la música que
antes cantaba detrás de la manta al teatro público;
quitó las barbas de los farsantes, que hasta entonces
ninguno representaba sin barba postiza, e hizo que
todos representasen a cureña rasa si no era los que
habían de representar los viejos u otras figuras que
pidiesen mudanza de rostro: inventó tramoyas, nubes,
truenos y relampágos, desafíos y batallas; pero esto
no llegó al sublime punto en que está ahora. Y esto es
verdad que no se puede contradecir (y aquí entra el
salir yo de los límites de mi llaneza) que se vieron en
los teatros de Madrid representar *Los tratos de Argel*
que yo compuse, *La destruición de Numancia* y *La
Batalla naval*, donde me atreví a reducir las Comedias
a tres jornadas de cinco que tenían; o, por mejor
decir, fuí el primero que representase las imaginaciónes
y los pensamientos escondidos del alma, sacando
figuras morales al teatro, con general y gustoso aplauso
de los oyentes. Compuse en este tiempo hasta veinte
Comedias o treinta que todas ellas se recitaron, sin
que se les ofreciese ofrenda de pepinos ni de otra cosa

arrojadiza: corrieron su carrera sin silbos, gritas ni barahundas. Tuve otra cosa en que ocuparme: dejé la pluma y las Comedias, y entró luego el monstruo de naturaleza, el gran Lope de Véga, y alzóse con la monarquía cómica; avasalló y puso debajo de su jurisdicción a todos los farsantes, llenó el mundo de Comedias propias, felices y bien razonadas, y tantas que pasan de diez mil pliegos los que tiene escritos; y todas (que es una de las mayores cosas que puede decirse) las ha visto representar, u oído decir, por lo menos, que se han representado; y si algunos (que hay muchos) han querido entrar a la parte y gloria de sus trabajos, todos juntos no llegan en lo que han escrito a la mitad de lo que él solo; pero no por esto (pues no lo concede Dios todo a todos) dejen de tenerse en precio los trabajos del doctor Ramón, que fueron los más después de los del gran Lope. Estímense las trazas artificiosas en todo estremo del licenciado Miguel Sánchez, la gravedad del doctor Mira de Mescua, honra singular de nuestra nación, la discreción e innumerables conceptos del canónigo Tarraga, la suavidad y dulzura de don Guillén de Castro, las agudezas de Aguilar, el rumbo, el tropel, el boato, la grandeza de las Comedias de Luis Velez de Guevara, y las que ahora están en jerga del agudo ingenio de don Antonio de Galarza, y las que prometen *Las fullerías de Amor* de Gaspar de Avila; que todos éstos y otros algunos han ayudado a llevar esta gran máquina al gran Lope.

Algunos años ha que volví a mi antigua ociosidad, y pensando que aun duraban los siglos donde corrían mis alabanzas volví a componer algunas Comedias; pero no hallé pájaros en los nidos de antaño; quiero decir que no hallé autor que me las pidiese, puesto que sabían que las tenía; y así las arrinconé en un cofre, y las consagré y condené al perpetuo silencio. En esta sazón me dijo un librero que él me las comprara, si un autor de título no le hubiera dicho que de mi prosa se podía esperar mucho, pero que del verso nada; y si va a decir(se) la verdad, cierto que me dió pesadumbre el oírlo, y dije entre mí: "O yo he mudado en otro, o los tiempos han mejorado, sucediendo siempre al revés, pues siempre se alaban los pasados tiempos."

Torné a pasar los ojos por mis comedias y por algunos entremeses míos que con ellas estaban arrinconados, y vi no ser tan malas, que no mereciesen salir de las tinieblas de aquel autor a la luz de otros autores menos escrupulosos y más entendidos. Aburríme y vendíselas al tal librero que las ha puesto en la estampa, como aquí te las ofrece. El me las pagó razonablemente; yo cogí mi dinero con suavidad sin tener cuenta con dimes ni diretes de recitantes. Querría que fuesen las mejores del mundo o a lo menos razonables; tú lo veras, lector mío, y si hallares que tienen alguna cosa buena, en topando a aquel mi maldiciente autor, dile que se enmiende, pues yo no ofendo a nadie, y que advierta que no tienen necedades patentes y descubiertas, y que el verso es el mismo que piden las comedias, que ha de ser de los tres estilos el ínfimo, y que el lenguaje de los entremeses es propio de las figuras que en ellos se introducen. Y que para enmienda de todo esto le ofrezco una comedia que estoy componiendo, y la intitulo *El engaño a los ojos*, que, si no me engaño, le ha de dar contento. Y con esto Dios te de salud y a mi paciencia.

DEDICATORIA AL CONDE DE LEMOS

AHORA que se agoste o no el jardín de mi corto ingenio, que los frutos que él ofreciere en cualquiera sazón que sea, ha de ser de V. E., a quién ofrezco el destas Comedias y Entremeses, no tan desabridos, a mi parecer, que no puedan dar algún gusto; y si alguna cosa llevan razonable, es que no van manoseados, ni han salido al teatro, merced a los farsantes, que de puro discretos no se ocupan sino en obras grandes y de graves autores, puesto que tal vez se engañan.

Don Quijote de la Mancha queda calzadas las espuelas en su *Segunda Parte* para ir a besar los pies a V. E. Creo que llegará quejoso, porque en Tarragona le han asendereado y malparado, aunque, por sí o por no, lleva información hecha de que no es él el contenido en aquella historia, sino otro supuesto, que quiso ser él, y no acertó a serlo. Luego irá el gran *Persiles*, y luego *Las Semanas* del jardín, y luego la *Segunda Parte de La Galatea*, si tanta carga pueden llevar mis ancianos hombros; y luego y siempre irán las muestras del deseo que tengo de servir a V. E. como a mi verdadero señor, y firme y verdadero amparo, cuya persona, etc.

Criado de V. Exc.

MIGUEL DE CERVANTES SAAVEDRA.

Segvnda Parte | del Ingenioso | Cavallero Don | Qvixote de la | Mancha. | Por Miguel de Ceruantes Saauedra, autor de su primera parte. | Dirigida a don Pedro Fernandez de Castro, Conde de Le-|mos, de Andrade, y de Villalua, Marques de Sarria, Gentil-| hombre de la Camara de su Magestad, Comendador de la | Encomienda de Peña-fiel, y la Zarça de la Orden de Al-|cantara, Virrey, Gouernador, y Capitan General del Reyno de Napoles, y Presidente del su-| premo Consejo de Italia. Año 1615. Con Privilegio, | En Madrid, Por Iuan de la Cuesta. | Vendese en casa de Francisco de Robles, librero del Rey N. S.

DEDICATORIA AL CONDE DE LEMOS

ENVIANDO a Vuestra Excelencia los días pasados mis Comedias, antes impresas que representadas, si bien me acuerdo, dije, que Don Quijote quedaba calzadas las espuelas para ir a besar las manos a Vuestra Excelencia; y ahora digo que se las ha calzado y se ha puesto en camino, y si él allá llega me parece que habré hecho algún servicio a Vuestra Excelencia, porque es mucha la priesa que de infinitas partes me dan a que le envíe, para quitar el ámago y la náusea que ha causado otro Don Quijote, que con nombre de Segunda Parte se ha disfrazado y corrido por el orbe: y el que más ha mostrado desearle ha sido el grande Emperador de la China, pues en lengua Chinesca habrá un mes que me escribió una carta con un propio, pidiéndome, o por mejor decir, suplicándome se le enviase, porque quería fundar un Colegio donde se leyese la lengua Castellana, y quería que el libro que se leyese fuese el de la historia de Don Quijote. Juntamente con esto me decía que fuese yo a ser el Rector del tal Colegio. Preguntéle al portador si Su Majestad le había dado para mí alguna ayuda de costa. Respondióme que ni por pensamiento. Pues, hermano, le respondí yo, vos os podéis volver a vuestra China a las diez, o a las veinte, o a las que venís despachado, porque yo no estoy con salud para ponerme en tan largo viaje; además que sobre estar enfermo, estoy muy sin dineros, y Emperador por Emperador, y Monarca por Monarca, en Nápoles tengo al grande Conde de Lemos, que sin tantos titulillos de Colegios ni Rectorías me sustenta, me ampara y hace más merced que la que yo acierto a desear. Con esto le despedí, y con esto me despido, ofreciendo a Vuestra Excelencia los trabajos de Persiles y Sigismunda, libro a quien daré fin dentro de cuatro meses, *Deo volente*; el cual ha de ser, o el más malo, o el mejor que en nuestra lengua se haya compuesto, quiero decir de los de entretenimiento: y digo que me arrepiento de haber dicho el más malo, porque según la opinión de mis amigos, ha de llegar al extremo de bondad posible. Venga Vuestra Excelencia con la salud que es deseada, que ya estará Persiles para besarle las manos, y yo los pies, como criado que soy de Vuestra Excelencia.

De Madrid último de Octubre de Mil Seiscientos y Quince.

Criado de Vuestra Excelencia.

Miguel de Cervantes Saavedra.

PRÓLOGO AL LECTOR

¡VÁLAME Dios, y con cuánta gana debes de estar esperando ahora, lector ilustre, o quier plebeyo, este prólogo, creyendo hallar en él venganzas, riñas y vituperios del autor del segundo Don Quijote! digo de aquel que dicen que se engendró en Tordesillas, y nació en Tarragona. Pues en verdad que no te he de dar este contento, que puesto que los agravios despiertan la cólera en los mas humildes pechos, en el mío ha de padecer excepción esta regla. Quisieras tú que lo diera del asno, del mentecato y del atrevido, pero no me pasa por el pensamiento: castíguele su pecado, con su pan se lo coma, y allá se lo haya. Lo que no he podido dejar de sentir es que me note de viejo y de manco, como si hubiera sido en mi mano haber detenido el tiempo, que no pasase por mí, o si mi manquedad hubiera nacido en alguna taberna, y no en la más alta ocasión que vieron los siglos pasados, los presentes, ni esperan ver los venideros. Si mis heridas no resplandecen en los ojos de quien las mira, son estimadas a lo menos en la estimación de los que saben dónde se cobraron: que el soldado más bien parece muerto en la batalla, que libre en la fuga: y es esto en mí de manera que, si ahora me propusieran y facilitaran un imposible, quisiera antes haberme hallado en aquella facción prodigiosa, que sano ahora de mis heridas sin haberme hallado en ella. Las que el soldado muestra en el rostro y en los pechos, estrellas son que guían a los demás al cielo de la honra, y al de desear la justa alabanza: y hase de advertir, que no se escribe con las canas, sino con el entendimiento, el cual suele mejorarse con los años. He sentido también que me llame invidioso, y que, como a ignorante, me describa qué cosa sea la invidia, que en realidad de verdad, de dos que hay, yo no conozco sino a la santa, a la noble y bien intencionada: y siendo esto así, como lo es, no tengo yo de perseguir a ningún sacerdote, y más si tiene por añadidura ser familiar del Santo Oficio: y si él lo dijo por quien parece que lo dijo, engañóse de todo en todo, que del tal adoro el ingenio, admiro las obras y la ocupación continua y virtuosa. Pero en efecto le agradezco a este señor autor el decir que mis novelas son mas satíricas que ejemplares, pero que son buenas, y no lo pudieran ser si no tuvieran de todo. Paréceme que me dices que ando muy limitado, y que me contengo mucho en los términos de mi modestia, sabiendo que no se ha de añadir aflicción al afligido, y que la que debe de tener este señor sin duda es grande, pues no osa parecer a campo abierto y al cielo claro, encubriendo su nombre, fingiendo su patria, como si hubiera hecho alguna traición de lesa Majestad. Si por ventura llegares a conocerle, díle de mi parte que no me tengo por agraviado, que bien sé lo que son tentaciones del demonio, y que una de las mayores es ponerle a un hombre en el entendimiento que puede componer y imprimir un libro con que gane tanta fama como dineros, y tantos dineros cuanta fama, y para confirmación desto quiero que en tu buen donaire y gracia le cuentes este cuento:

Había en Sevilla un loco, que dió en el más gracioso disparate y tema que dió loco en el mundo. Y fué, que hizo un cañuto de caña puntiagudo en el fin; y en cogiendo algún perro en la calle, o en cualquiera otra parte, con el un pie le cogía el suyo, y el otro le alzaba con la mano, y como mejor podía le acomodaba el cañuto en la parte que soplándole, le ponía redondo como una pelota, y en teniéndolo desta suerte le daba dos palmaditas en la barriga, y le soltaba diciendo a los circunstantes (que siempre eran muchos):

"Pensarán vuesas mercedes ahora que es poco trabajo hinchar un perro." Pensará Vmd. ahora que es poco trabajo hacer un libro. Y si este cuento no le cuadrare, dirásle, lector amigo, éste, que también es de loco y de perro.

Había en Córdoba otro loco, que tenía por costumbre de traer encima de la cabeza un pedazo de losa de mármol, o un canto no muy liviano, y en topando algún perro descuidado se le ponía junto, y a plomo dejaba caer sobre él el peso. Amohinábase el perro, y dando ladridos y aullidos no paraba en tres calles. Sucedió pues, que entre los perros que descargó la carga fué uno un perro de un bonetero, a quien quería mucho su dueño. Bajó el canto, dióle en la cabeza, alzó el grito el molido perro, viólo y sintiólo su amo: asió de una vara de medir, y salió al loco, y no le dejó hueso sano, y a cada palo que le daba decía:

"¡Perro, ladrón! ¿a mi podenco? ¿no viste, cruel, que era podenco mi perro?" y repitiéndole el nombre de podenco muchas veces, envió al loco hecho una alheña. Escarmentó el loco, y retiróse, y en más de un mes no salió a la plaza, al cabo del cual tiempo volvió con su invención y con más carga. Llegábase donde estaba el perro, y mirándole muy bien de hito en hito, y sin querer, ni atreverse a descargar la piedra, decía: "Este es podenco, ¡guarda!" En efecto todos cuantos perros topaba, aunque fuesen alanos o gozques, decía que eran podencos, y así no soltó mas el canto. Quizá de esta suerte le podrá acontecer a este historiador,

que no se atreverá a soltar más la presa de su ingenio
en libros, que en siendo malos son más duros que las
peñas. Dile tambien que de la amenaza que me hace
que me ha de quitar la ganancia con su libro, no se me
da un ardite, que acomodándome al entremés famoso
de la Perendenga, le respondo que me viva el Veinti-
cuatro mi Señor, y Cristo con todos: viva el gran
Conde de Lemos, cuya cristiandad y liberalidad bien
conocida contra todos los golpes de mi corta fortuna
me tiene en pie: y vívame la suma caridad del Ilustrísimo de Toledo Don Bernardo de Sandoval y Rojas;
y siquiera no haya imprentas en el mundo, y siquiera
se impriman contra mí más libros que tienen letras las
coplas de Mingo Revulgo. Estos dos príncipes, sin que
los solicite adulación mía, ni otro género de aplauso,
por sola su bondad han tomado a su cargo el hacerme
merced y favorecerme, en lo que me tengo por más
dichoso y más rico que si la fortuna por camino ordinario me hubiera puesto en su cumbre. La honra
puédela tener el pobre, pero no el vicioso: la pobreza
puede anublar a la nobleza, pero no oscurecerla del
todo; pero como la virtud dé alguna luz de sí, aunque
sea por los inconvenientes y resquicios de la estrecheza, viene a ser estimada de los altos y nobles
espíritus, y por el consiguiente favorecida: y no le digas
más, ni yo quiero decirte más a tí, sino advertirte que
consideres que esta *Segunda Parte de Don Quijote* que
te ofrezco, es cortada del mismo artifice y del mismo
paño que la Primera, y que en ella te doy a Don
Quijote dilatado, y finalmente muerto y sepultado,
porque ninguno se atreva a levantarle nuevos testimonios, pues bastan los pasados, y basta tambien que
un hombre honrado haya dado noticia destas discretas

locuras, sin querer de nuevo entrarse en ellas: que la abundancia de las cosas, aunque sean buenas, hace que no se estimen, y la carestía, aun de las malas, se estima en algo. Olvídaseme de decirte, que esperes el *Persiles*, que ya estoy acabando, y la *Segunda Parte de Galatea*.

EXTRACTS

"Bien haya Cide Hamete Benengeli, que la historia de vuestras grandezas dejó escritas, y rebién haya el curioso que tuvo cuidado de hacerla traducir de Arábigo en nuestro vulgar castellano para universal entretenimiento de las gentes." Hízole levantar Don Quijote, y dijo: "Desa manera ¿verdad es que hay historia mía, y que fué Moro y sabio el que la compuso?"

"Es tan verdad, señor," dijo Sansón, "que tengo para mí que el día de hoy están impresos más de doce mil libros de la tal historia: si no, dígalo Portugal, Barcelona y Valencia, donde se han impreso, y aun hay fama que se está imprimiendo en Amberes, y a mí se me trasluce que no ha de haber nación ni lengua donde no se traduzca."

"Una de las cosas," dijo a esta sazón Don Quijote, "que más debe de dar contento a un hombre virtuoso y eminente, es verse, viviendo, andar con buen nombre por las lenguas de las gentes, impreso y en estampa: dije con buen nombre, porque siendo al contrario, ninguna muerte se le igualara."

"Una de las tachas que ponen a la tal historia," dijo el bachiller, "es que su autor puso en ella una novela intitulada *El curioso impertinente*, no por mala ni por mal razonada, sino por no ser de aquel lugar, ni tiene que ver con la historia de su merced el señor Don Quijote."

"Yo apostaré," replicó Sancho, "que ha mezclado el hideperro berzas con capachos."

"Ahora digo," dijo Don Quijote, "que no ha sido sabio el autor de mi historia, sino algún ignorante hablador, que a tiento y sin algún discurso se puso a escribirla, salga lo que saliere, como hacía Orbaneja el pintor de Ubeda, al cual preguntándole qué pintaba, respondió; 'Lo que saliere'; tal vez pintaba un gallo de tal suerte y tan mal parecido, que era menester que con letras góticas escribiese junto a él *Este es gallo*, y así debe de ser de mi historia, que tendrá necesidad de comento para entenderla."

"Eso no," respondió Sansón, "porque es tan clara que no hay cosa que dificultar en ella. Los niños la manosean, los mozos la leen, los hombres la entienden, y los viejos la celebran; y finalmente es tan trillada y tan leída y tan sabida de todo género de gentes, que apenas han visto algún rocín flaco cuando dicen 'allí va Rocinante': y los que más se han dado a su lectura son los pajes. No hay antecámara de señor donde no se halle un *Don Quijote*: unos le toman si otros le dejan: estos le embisten, y aquellos le piden. Finalmente la tal historia es del más gustoso y menos perjudicial entretenimiento que hasta ahora se haya visto, porque en toda ella no se descubre ni por semejas una palabra deshonesta, ni un pensamiento menos que Católico." CAP. III.

"Por mis valerosas, muchas y cristianas hazañas he merecido andar ya en estampa en casi todas o las más naciones del mundo. Treinta mil volúmenes se han impreso de mi historia, y lleva camino de imprimirse treinta mil veces de millares si el cielo no lo remedia." CAP. XVI.

Los Trabaios | de Persiles, y | Sigismvnda, Histo|ria Setentrional. | Por Migvel de Cervantes | Saauedra. | Dirigido a Don Pedro Fernández de | Castro Conde de Lemos, de Andrade, de Villalua, Marques de | Sarria, Gentilhombre de la Cámara de su Magestad, Presiden|te del Consejo supremo de Italia, Comendador de la En-comienda de la | Zarça, de la Orden | de Alcántara. | Año 1617. | Con priuilegio. En Madrid. Por Iuan de la Cuesta. | A costa de Iuan de Villaroel mercader de libros en la Platería.

DEDICATORIA A D. PEDRO FERNÁNDEZ DE CASTRO,

CONDE DE LEMOS, DE ANDRADE, DE VILLALVA; MARQUES DE SARRIA; GENTILHOMBRE DE LA CÁMARA DE SU MAJESTAD; PRESIDENTE DEL CONSEJO SUPREMO DE ITALIA; CO-MENDADOR DE LA ENCOMIENDA DE LA ZARZA; DE LA ORDEN DE ALCÁNTARA

AQUELLAS coplas antiguas que fueron en su tiempo celebradas, que comienzan: *Puesto ya el pie en el estribo*: quisiera yo, no vinieran tan a pelo en esta mi epístola, porque casi con las mismas palabras la puedo comenzar, diciendo:

> Puesto ya el pie en el estribo,
> Con las ansias de la muerte,
> Gran señor, ésta te escribo.

Ayer me dieron la extrema unción y hoy escribo ésta: el tiempo es breve, las ansias crecen, las esperanzas menguan, y con todo esto llevo la vida sobre el deseo que tengo de vivir, y quisiera yo ponerle coto, hasta besar los pies a Vuesa Excelencia, que podría ser fuese tanto el contento de ver a Vuesa Excelencia bueno en España, que me volviese a dar la vida: pero si está decretado que la haya de perder, cúmplase la voluntad de los cielos, y por lo menos sepa Vuesa Excelencia este mi deseo, y sepa que tuvo en mí un tan aficionado criado de servirle, que quiso pasar aun mas allá de la muerte, mostrando su intención. Con todo esto, como en profecía, me alegro de la llegada de Vuesa Excelencia, regocíjome de verle señalar con el dedo, y realégrome de que salieron verdaderas mis esperanzas dilatadas en la fama de las bondades de Vuesa Excelencia. Todavía me quedan en el alma ciertas reliquias y asomos, de las *Semanas del jardín*, y del famoso *Bernardo*: si a dicha, por buena ventura mía, que ya no sería ventura sino milagro, me diese el cielo vida, las verá y con ellas fin de la *Galatea*, de quien sé está aficionado Vuesa Excelencia, y con estas obras continuado mi deseo. Guarde Dios a Vuesa Excelencia, como puede. De Madrid a diez y nueve de abril de mil y seiscientos y diez y seis años.

Criado de Vuesa Excelencia

Miguel de Cervantes.

PRÓLOGO

Sucedió pues, Lector amantísimo, que viniendo otros dos amigos y yo del famoso lugar de Esquivias, por mil causas famoso, una por sus ilustres linajes y otra por sus ilustrísimos vinos, sentí, que a mis espaldas venía picando con gran priesa uno que al parecer traía deseo de alcanzarnos, y aun lo mostró dándonos voces, que no picásemos tanto. Esperámosle, y llegó sobre una borrica un estudiante pardal, porque todo venía vestido de pardo, antiparas, zapato redondo y espada con contera, valona bruñida y con trenzas iguales: verdad es, no traía mas de dos, porque se le venía a un lado la valona por momentos, y él traía sumo trabajo y cuenta de enderezarla.

Llegando a nosotros dijo: "¿Vuesas mercedes van a alcanzar algún oficio o prebenda a la corte, pues allá está su ilustrísima de Toledo y su majestad ni más ni menos, según la priesa con que caminan, que en verdad que a mi burra se le ha cantado el victor de caminante más de una vez?" A lo que respondió uno de mis compañeros: "El rocín del señor Miguel de Cervantes tiene la culpa desto, porque es algo que pasilargo."

Apenas hubo oído el estudiante el nombre de Cervantes, cuando apeándose de su cabalgadura, cayéndosele aquí el cojín y allí el portamanteo, que con toda esta autoridad caminaba, arremetió a mí, y acudiendo a asirme de la mano izquierda, dijo: "Sí, sí, éste es el manco sano, el famoso todo, el escritor alegre, y finalmente el regocijo de las Musas."

Yo que en tan poco espacio vi el grande encomio de mis alabanzas, parecióme ser descortesía no corresponder a ellas, y así abrazándole por el cuello, donde le eché a perder de todo punto la valona, le dije: "Ese es un error donde han caído muchos aficionados ignorantes; yo, señor, soy Cervantes, pero no el regocijo de las Musas, ni ninguna de las demas baratijas que ha dicho vuesa merced: vuelva a cobrar su burra y suba, y caminemos en buena conversación lo poco que nos falta del camino."

Hízolo así el comedido estudiante, tuvimos algún tanto más las riendas, y con paso asentado seguímos nuestro camino, en el cual se trató de mi enfermedad; y el buen estudiante me desahució al momento diciendo: "Esta enfermedad es de hidropesía, que no la sanará toda el agua del mar Océano que dulcemente se bebiese: vuesa merced, señor Cervantes, ponga tasa al beber, no olvidándose de comer, que con esto sanará sin otra medicina alguna."

"Eso me han dicho muchos," respondí yo, "pero así puedo dejar de beber a todo mi beneplácito, como si para sólo eso hubiera nacido; mi vida se va acabando, y al paso de las efemérides de mis pulsos, que a más tardar acabarán su carrera este domingo, acabaré yo la de mi vida. En fuerte punto ha llegado vuesa merced a conocerme, pues no me queda espacio para mostrarme agradecido a la voluntad que vuesa merced me ha mostrado."

En esto llegamos a la puente de Toledo, y yo entré por ella, y él se apartó a entrar por la de Segovia. (Lo que se dirá de mi suceso, tendrá la fama cuidado, mis amigos gana de decillo, y yo mayor gana de escuchallo.) Tornéle a abrazar, volvióseme a ofrecer: picó a su burra, y dejóme tan mal dispuesto como él iba caballero en su burra, quien había dado gran ocasión a mi pluma para escribir donaires, pero no son todos los tiempos unos; tiempo vendrá, quizá, donde anudando este roto hilo diga lo que aquí me falta, y lo que sé convenia. A Dios, gracias: a Dios, donaires: a Dios, regocijados amigos, que yo me voy muriendo, y deseando veros presto contentos en la otra vida.

APPENDIX

Extract (Stanzas 31–64)

Yo que el camino más bajo y grosero
He caminado en fría noche escura,
He dado en manos del atolladero;
    Y en la esquiva prisión, amarga y dura,
Adonde agora quedo, estoy llorando
Mi corta infelicíssima ventura,
    Con quejas tierra y cielo importunando,
Con suspiros al aire escuresciendo,
Con lágrimas el mar acrescentando.
    Vida es ésta, Señor, do estoy muriendo,
Entre bárbara gente descreída
La mal lograda juventud perdiendo.
    No fué la causa aquí de mi venida
Andar vagando por el mundo acaso
Con la vergüenza y la razón perdida.
    Diez años ha que tiendo y mudo el paso
En servicio del gran Filipo nuestro,
Ya con descanso, ya cansado y laso;
    Y en el dichoso día que siniestro
Tanto fué el hado a la enemiga armada
Cuanto a la nuestra favorable y diestro,
    De temor y de esfuerzo acompañada
Presente estuvo mi persona al hecho,
Más de esperanza que de hierro armada.
    Vi el formado escuadrón roto y deshecho,
Y de bárbara gente y de cristiana
Rojo en mil partes de Neptuno el lecho,

La muerte airada con su furia insana
Aquí y allí con priesa discurriendo,
Mostrándose a quien tarda, a quien temprana,
   El son confuso, el espantable estruendo,
Los gestos de los tristes miserables
Que entre el fuego y el agua iban muriendo,
   Los profundos suspiros lamentables,
Que los heridos pechos despedían,
Maldiciendo sus hados detestables.
   Helóseles la sangre que tenían,
Cuando en el son de la trompeta nuestra
Su daño y nuestra gloria conocían,
   Con alta voz de vencedora muestra,
Rompiendo el aire claro, el son mostraba
Ser vencedora la cristiana diestra.
   A esta dulce sazón, yo triste estaba
Con la una mano de la espada asida
Y sangre de la otra derramaba;
   El pecho mío de profunda herida
Sentía llagado, y la siniestra mano
Estaba por mil partes ya rompida.
   Pero el contento fué tan soberano,
Que a mi alma llegó viendo vencido
El crudo pueblo infiel por el cristiano,
   Que no echaba de ver si estaba herido,
Aunque era tan mortal mi sentimiento,
Que a veces me quitó todo el sentido.
   Y en mi propia cabeza el escarmiento
No me pudo estorbar que el segundo año
No me pusiese a discreción del viento,
   Y al bárbaro, medroso, pueblo extraño,
Vi recogido, triste, amedrentado,
Y con causa temiendo de su daño.

Y al reino tan antiguo y celebrado,
A do la hermosa Dido fué vendida
Al querer del troyano desterrado,
    También vertiendo sangre aun la herida
Mayor con otras dos, quise ir y hallarme,
Por ver ir la morisma de vencida.
    Dios sabe si quisiera allí quedarme
Con los que allí quedaron esforçados,
Y perderme con ellos o ganarme;
    Pero mis cortos implacables hados
En tan honrosa empresa no quisieron
Que acabase la vida y los cuidados;
    Y al fin, por los cabellos me trujeron
A ser vencido por la valentía
De aquellos que después no la tuvieron.
    En la galera *Sol*, que escurecía
Mi ventura su luz, a pesar mío
Fué la pérdida de otros y la mía.
    Valor mostramos al principio y brío,
Pero después, con la experiencia amarga,
Conocimos ser todo desvarío.
    Sentí de ajeno yugo la gran carga,
Y en las manos sacrílegas malditas
Dos años ha que mi dolor se alarga.
    Bien sé que mis maldades infinitas
Y la poca atrición que en mí se encierra
Me tiene entre estos falsos Ismaelitas.
    Quando llegué vencido y vi la tierra
Tan nombrada en el mundo, que en su seno
Tantos piratas cubre, acoge y cierra,
    No pude al llanto detener el freno,
Que a mi despecho, sin saber lo que era,
Me vi el marchito rostro de agua lleno.

Ofrecióse a mis ojos la ribera
Y el monte donde el grande Carlos tuvo
Levantada en el aire su bandera,
    Y el mar que tanto esfuerzo no sostuvo,
Pues movido de envidia de su gloria,
Airado entonces más que nunca estuvo.
    Estas cosas volviendo en mi memoria,
Las lágrimas trujeron a los ojos,
Movidas de desgracia tan notoria.

www.ingramcontent.com/pod-product-compliance
Ingram Content Group UK Ltd.
Pitfield, Milton Keynes, MK11 3LW, UK
UKHW042148280225
455719UK00001B/182